La Monja Alférez

Juan de la Cuesta
Hispanic Monographs

Series: *Ediciones críticas*, Nº 34

FOUNDING EDITOR
Tom Lathrop
University of Delaware

EDITOR
Alexander R. Selimov
University of Delaware

EDITORIAL BOARD
Samuel G. Armistead
University of California, Davis

Annette G. Cash
Georgia State University

Alan Deyermond
Queen Mary, University of London

Daniel Eisenberg
Cervantes Society of America

John E. Keller
University of Kentucky

Steven D. Kirby
Eastern Michigan University

Joel Rini
University of Virginia

Donna M. Rogers
Middlebury College

Russell P. Sebold
University of Pennsylvania, Emeritus
Corresponding Member, Real Academia Española

Noël Valis
Yale University

Amy Williamsen
University of Arizona

La Monja Alférez
de Juan Pérez de Montalbán

Edición anotada y estudio crítico

por

LUZMILA CAMACHO PLATERO

Juan de la Cuesta
Newark, Delaware

On the cover: Iglesia Convento San Francisco, Lima, Peru.

Copyright © 2007 by Juan de la Cuesta—Hispanic Monographs
270 Indian Road
Newark, Delaware 19711
(302) 453-8695
Fax: (302) 453-8601
www.JuandelaCuesta.com

MANUFACTURED IN THE UNITED STATES OF AMERICA

ISBN: 978-1-58871-110-6

Índice

PREFACIO 7

ESTUDIO CRÍTICO
Juán Pérez de Montalbán 9
La Catalina de Erauso histórica 12
Recopilaciones del manuscrito de
    la biografía de Catalila de Erauso 13
Argumento de la comedia de
    La Monja Alférez de Pérez de Montalbán 16
Discrepancias entre *La Monja Alférez* y
    la Historia de la Monja Alférez,
    Doña Catalina de Erauso 18

La Monja Alférez y la crítica literaria 27
Travestismo, lesbianismo e
    identidad transgenérica 33
Violación y Matrimonio: Paralelismos y
    discrepancias entre *El Burlador de Sevilla* y
    La Monja Alférez 58

CONCLUSIÓN 61
CRITERIOS DE ESTA EDICIÓN 64
ABREVIACIONES 65
BIBLIOGRAFÍA 66

La Monja Alférez
Jornada I 71
Jornada II 106
Jornada III 140

Prefacio

MI INTERÉS POR *La Monja Alférez* de Juan Pérez de Montalbán surge a raíz de mi tesis doctoral, *Catalina de Erauso, la Monja Alférez, Ejemplo de Transgresión Genérica*, en la que me adentro en la historia de Catalina de Erauso, en concreto, en su travestismo, en su sexualidad, en su identidad transgenérica y en lo que significó en la sociedad española del siglo XVII la existencia de una mujer que consiguió que, oficialmente, la reconocieran como hombre. *La Monja Alférez*, comedia basada en la vida de dicho personaje histórico, me pareció de notable interés debido a su valor literario y a lo inesperadamente subversiva, puesto que en una sociedad tan cerrada como la España de los Austrias, tenemos aquí la representación de una mujer, en gran parte criminal y oportunista, que es llevada a la categoría de héroe tanto militar como moralmente.

Para terminar debo agradecer la contribución de la Profesora Alicia Colombí, quien con su entusiasmo, sabios comentarios y correcciones ha hecho posible este trabajo. También mi gratitud a Daniel Eisenberg por sus consejos sobre la edición, a Mercedes Camacho Platero y Montserrat Mochón Castro por la lectura del borrador y sugerencias, a Ibon Izurieta, William García y Charles Batson por los ratos de charla sobre la Monja Alférez y por las recomendaciones bibliográficas que me dieron cuando fuímos compañeros en Union College y, finalmente, a Yana Hashamova por su apoyo emocional.

Estudio Crítico

Juan Pérez de Montalbán

Juan Pérez de Montalbán nació en Madrid en 1602.[1] Sus padres fueron Alonso Pérez, famoso librero de Alcalá de Henares, y Felipa de la Cruz. Alonso Pérez fue librero de la Corte y propietario de varios centros comerciales, donde solía organizar tertulias literarias. Conoció a escritores nacionales de alto calibre, teniendo una profunda amistad con Lope de Vega, a quien le publicó muchos de sus trabajos.[2]

Montalbán estudió en la Universidad de Alcalá de Henares. En 1617 se licenció en Filosofía y Humanidades y en ¿1625? se doctoró en Teología. El escritor madrileño ya era sacerdote y capellán de la parroquia de San Juan de Ocaña cuando lo aceptaron como miembro de la Congregación de San Pedro de Sacerdotes Naturales.

Parece ser que su actividad literaria empezó a los diecisiete años con la publicación de su primera obra de teatro, *Morir y Disimular*.[3] También participó en varios concursos poéticos organizados en Madrid: En el de 1620 para celebrar la beatificación de San Isidoro, ganando el premio de "Maestro de Ceremonias, Lope de Vega" y en los dos certámenes de 1622 en honor de otros santos españoles, Montalbán ganó el segundo y el tercer premio.

La enemistad que hubo entre Montalbán y Francisco Quevedo fue uno de los capítulos más tristes de la vida del primero. Según George William Bacon, Alonso Pérez pirateó el *Buscón* "tan pronto como apareció en

---

[1] Se cuestiona esta fecha de nacimiento pues su partida bautismal no se ha encontrado. (Parker, 1975: 15)

[2] Parece ser que Alonso Pérez tuvo sus enfrentamientos con Miguel de Cervantes, ya que, según Francisco Maldonado, sus contemporáneos pensaba que él fue el autor del falso *Quixote*. (Parker, 1975: 15)

[3] Según Parker, probablemente la escribió con ayuda de Lope de Vega. (1975, 17)

Zaragoza en 1626" (3) (mi traducción). Como consecuencia, el padre de Montalbán fue arrestado y en el juicio, celebrado el 16 de Mayo de 1627, lo multaron con cien ducados y lo obligaron a entregarle todas las copias piratas al abogado de Duport, quien había comprado los derechos del *Buscón* (Foulché–Delbosh 25). Montalbán se vengó del arresto de su padre asegurándose de que la Inquisición prohibiera los libros de Quevedo (4). Como consecuencia, después de que Montalban publicara su *Para Todos* (1632), Quevedo lo criticó en *Perinola* de ser un mal escritor y lo acusó de tener sangre judía.[4] A este respecto, Edward Glaser es uno de los investigadores convencido de la descendencia conversa de Montalbán,[5] lo cual puede explicar el fervoroso catolicismo de la familia: dos de sus hermanas fueron monjas y el mismo Montalbán fue sacerdote. Lógicamente, la respuesta de Montalbán ante la acusación de Quevedo no se hizo esperar y en 1635 publicó en Valencia *El Tribunal de la Justa Venganza* en donde lo ataca directamente (4). Tal fue la enemistad que hubo entre ellos que éste último se negó a participar en el *In memoriam* dedicado a Montalbán.[6]

Diferente fue la relación que hubo entre Alonso Pérez y Lope de Vega. La amistad fue de años, por lo que tiene sentido asumir que el vínculo de afecto que hubo entre Montalbán y el amigo de su padre no se limitara a la de simples viejos conocidos. En realidad, Lope fue para Montalbán no sólo un íntimo amigo de la familia, sino también maestro y figura paternal. Aún así y a pesar de que hubo entre ellos un sincero cariño, Jack Horace Parker considera que hubo momentos en los que Lope decepcionó a Montalbán. En concreto se refiere al hecho de que Lope no lo llegó a defender abiertamente en sus disputas con Quevedo, aunque, como Parker especula, cabe la posibilidad de que Lope apoyara y defendiera a Montalbán en escritos anónimos o, simplemente, ayudándolo a escribir obras como *La Trompa*, otro texto en el que el joven escritor madrileño responde a los ataques de Quevedo (1975, 22).

Entre los años 1635 y 1638 nuestro escritor padeció algún tipo de

---

[4] "Quevedo's violent attack on our author in *Perinola* (*Teetotum*), following *Para Todos*, hints rather clearly at his Jewish blood at several points in the work [...]" (Parker, 1975:16).

[5] Glaser dedicó su investigación al estudio de asuntos hispano-judíos.

[6] Participaron ciento setenta y cinco colaboradores, entre ellos, sacerdotes, personas que no pertenecían al mundo de las letras y escritores tales como Calderón de la Barca, Tirso de Molina, Vélez de Guevara, María de Zayas Sotomayor y Antonio Solís. (Parker, 1975: 24)

enfermedad mental; de hecho los últimos seis meses de su vida los pasó en un asilo de Madrid. Se tiene muy poca información con respecto a su estado de salud, pero, según Parker, las especulaciones no faltan. Primero, su débil estado emocional y psíquico: Se cree que la muerte de Lope (1635) lo afectó profundamente y que su inseguridad como escritor no lo ayudó a sobrellevar emocionalmente los constantes ataques de Quevedo (1975, 24). Segundo, debe tenerse en consideración el precario historial médico de su familia: su madre murió ciega, su hermano Cristóbal y su hermana Isabel murieron jóvenes y sus dos hermanas menores, Petronila y Ángela, sufrieron de demencia. Y por último, se hace alusión a su agotamiento físico: Montalbán no sólo cumplió con sus obligaciones de sacerdote, sino que en 1632 fue *discreto* en la Venerable Tercera Orden de San Francisco y en 1634 notario de la Inquisición, sin dejar de lado, en ningún momento, su carrera como escritor. De hecho, durante su corta vida escribió unas cincuenta obras de teatro, poemas y novelas cortas (1975, 18). Montalbán murió en Madrid el 25 de Junio de 1638.

Entre 1625–1626, época en la que Montalbán ya era reconocido como escritor sólido entre sus contemporáneos, Catalina de Erauso andaba por España, y posiblemente por Madrid, pues, como se verá más adelante, viajó a la capital del país con el objetivo de presentarle al Rey sus memorias de soldado. Es muy probable que también Pérez de Montalbán supiera de sus aventuras o que, incluso, la hubiera llegado a conocer. La cercanía de una figura contemporánea a él explicaría que el dramaturgo madrileño decidiera escribir su *Monja Alférez* y que la basara en aspectos íntimos de la vida de Catalina.

Como veremos más adelante, si el enredo de la comedia es invención de Montalbán, hay personajes (su hermano, el capitan Miguel de Erauso y el nuevo Cid) y situaciones que aparecen en las memorias. Así pues, la información que el héroe de *La Monja Alférez*, Guzmán (Catalina de Erauso),[7] ofrece sobre su vida es en parte verdadera y en parte fabricación que está en concordancia con el desarrollo de los acontecimientos. En la Jornada II, Guzmán procede a contar su vida con la esperanza de que sirva como explicación de su comportamiento:

En San Sebastián […] nací. […] es mi nombre Catalina de Erauso, que mi nobleza, me dio este noble apellido […] mis padres […] en un convento

---

[7] Guzmán fue uno de los nombres de Catalina, quien en Las Indias se hizo llamar Alonso Díaz de Guzmán.

[...] me metieron [...] Once años y once siglos pasó allí mi resistencia [...] dejé la clausura honesta [...] troqué el vestido [...] llegué a la corte, y don Juan de Idiaquez [...] por paje me admite [...] vine a Madrid, [...] a Madrid trueco por Pamplona, [...] me ausentó de allá, y partí a la ciudad a quien besa el Betis. [...] En la armada me embarqué Indiana [...] Hubo con el Auracano soberbio, sangrienta guerra; [...] y después no pasó mucho me honraron con la bandera [...] (*MA,* Jornada II, Escena VII)

A continuación hago un breve resumen de la vida de Catalina de Erauso (o Araujo) con el propósito de completar los datos biográficos que el personaje de Guzmán ofrece sobre el personaje histórico.

La Catalina de Erauso histórica.

Catalina, hija de María Pérez de Galarraga y Arce y del capitán Miguel de Erauso, nació en la ciudad vasca de San Sebastián en 1592, según su partida bautismal, o en 1585, según las memorias. A la edad de cuatro años, sus padres la internaron en el convento de monjas dominicas de San Sebastián para que estuviera bajo el cuidado de su hermana y de su tía, madre priora del mismo. Cuando tenía quince años y después de una discusión con una de las monjas, Catalina decidió escaparse. Una vez fuera del convento, se cortó el pelo y se hizo "de una basquiña de paño azul con que me hallaba, unos calzones [...]" (*Historia* 5), siendo, a partir de este instante cuando empezó a experimentar con su nueva identidad masculina. En España estuvo tres años sirviendo como paje en diferentes casas de nobles y en 1603 la intensa búsqueda de su padre la llevó a enrolarse de grumete en un navío con destino a Las Indias. Una vez en el Nuevo Mundo trabajó durante un año para varios mercaderes con los que se encontró "bien cuidada y pagada." Después de diferentes percances, decidió alistarse como soldado porque, como ella misma decía, su "inclinación era viajar y ver mundo." (*Historia*, 25)

En la armada española Catalina recibió el rango de Alférez del ejército español. Su espíritu aventurero la llevó a explorar Chile, Tucumán, Potosí, Arzaga, la ciudad de la Plata, Charcas, Pisacobamba, la ciudad de la Paz, el Cuzco y Guamanga, donde la arrestaron por los muchos crímenes de los que se la acusaba, entre ellos el de la muerte de un individuo conocido bajo el nombre del "nuevo Cid" y la de su hermano, Miguel de Erauso. Tras su detención decidió confesarle al Obispo de la ciudad que era novicia y virgen con la esperanza de que su estado la protegiera de la justicia civil.

Como consecuencia, durante dos años y cinco meses Catalina tuvo que volver a su vida conventual en espera de que la Iglesia obtuviera de España la documentación que confirmara su historia: que era novicia, aunque nunca llegó a tomar los votos perpetuos.

En 1624 y después de veintiún años fuera de su patria, Catalina regresó a España por Cádiz, donde toda la ciudad estaba a la expectativa de su llegada. Catalina viajó a Sevilla, Barcelona, Pamplona y, finalmente, a Madrid, para presentarle al Rey, Felipe IV, sus memorias como testimonio de sus años de soldado. Una vez le fue restaurado el rango de Alférez y concedida una pensión anual por su servicio a la Corona, viajó a Roma para que el Papa Urbano VIII le diera su bendición y le permitiera vestir con ropa de hombre. A partir de este momento Catalina toma el nombre de Antonio de Erauso.

En 1630 *el* Alférez embarcó por segunda y última vez para las Américas. A lo largo de su vida se le conocen una serie de aventuras amorosas lésbicas,[8] siendo la más seria la que se narra en la Tercera Relación y de la que hablaré más adelante. La información que tenemos de *Antonio* después de abandonar España es mínima. Se sabe que vivió en Veracruz, donde fue propietario de un negocio de arriero y de un grupo de esclavos. Antonio de Erauso murió en Quitlaxtla en 1650 durante uno de sus muchos viajes.

RECOPILACIONES DEL MANUSCRITO DE
LA BIOGRAFÍA DE CATALINA DE ERAUSO

Creo que es importante considerar, aunque sea brevemente, las memorias de Catalina de Erauso, ya que es muy probable que Montalbán se basara en este documento y en las cartas que hablaban de ella para escribir su comedia. Los problemas que surgen a la hora de considerar la autenticidad de sus memorias son varios: la pérdida del manuscrito original, el estilo de la narrativa y la imposibilidad de fijar su fecha de nacimiento.

Con respecto al manuscrito original se cree que fue dictado por ella misma. El texto más antiguo que se conserva, *Vida i Sucesos de la Monja Alférez* (1784), se encuentra en la colección de Joaquín Bautista Muñoz. En

---

[8] Como explicaré más adelante denominar las aventuras amorosas de Catalina de Erauso como "lésbicas" puede ser problemático al aplicarlo en una época en la que no existía dicho término y, sobre todo, cuando hablamos de una mujer que, a lo largo de los años, dejó constancia de su deseo de ser hombre y que, al final de su vida, murió llamándose Antonio de Erauso.

el siglo XIX aparece la edición de Joaquín de Ferrer, *Historia de la Monja Alférez, Doña Catalina de Erauso* (1829). En el siglo XX se publicaron varias ediciones de la vida de la Monja Alférez: En 1908, *The Nun Ensign* de James Fitzmaurice-Kelly, quien traduce las memorias junto con la edición de la comedia de Montalbán, *La Monja Alférez*; en 1959, la *Historia de la Monja Alférez, doña Catalina de Erauso. Escrita por ella misma* de José de Berruezo; en 1968, *Catalina de Erauso. La Monja Alférez* de Luis de Castresana; en 1972, *La Monja Alférez* de Thomas de Qincey; en 1973, las *Aventuras de la Monja Alférez* de Nicolás de León; Rima de Vallbona publica la *Vida y Sucesos de la Monja Alférez* en 1992; y la traducción de Michele Stepo y Gabriel Stepo, *Memoir of a Basque Lieutenant Nun: Transvestite in the New World* aparece en 1996. A estas ediciones tenemos que sumarles, además de falsificaciones y descuidadas recopilaciones, tres Relaciones y una serie de cartas que escribieron amigos suyos corroborando la veracidad de los hechos realizados por la conquistadora vasca.

La edición de Ferrer corrige y reproduce el manuscrito de Bautista Muñoz. A pesar de que Ferrer no pudo explicar muchas de las discordancias que existen en el texto de Muñoz, su edición se ha ganado el respeto de los estudiosos del tema.[9] Para un estudio histórico de las memorias está la minuciosa edición crítica de Rima de Vallbona, quien corrobora la existencia de la mayoría de los personajes que aparecen en la autobiografía, la veracidad histórica de las fechas y de los acontecimientos que Catalina de Erauso narra. Vallbona coincide con Ferrer en que ciertos episodios de la *Vida i Sucesos* pertenecen más bien a la fantasía de los copistas, quienes, según ella, interpolaron elementos novelescos en el texto:

Pese al fondo histórico del relato, es innegable que persisten secuencias narrativas de marcada calidad novelesca. Son estos espacios imaginarios interpolados en la narración verídica de los sucesos, los que la convierten en una lectura fascinante más propia del campo literario que del testimonio

---

[9] Para Rima de Vallbona: "Este último manuscrito–el de la colección de Juan Bautista Muñoz de 1784, con algunas variantes–es el que reprodujo Joaquín María Ferrer en la edición príncipe de 1829. Ferrer explica que preparó esta edición haciendo un cuidadoso cotejo con el manuscrito y que corrigió mutilaciones y errores del copista [...] Sin embargo, Ferrer no anotó los cambios, ni enmiendas, ni siquiera explicó en ninguna de las ediciones suyas el proceso de modernización usando el discurso narrativo [...] En la época actual las únicas ediciones que se pueden tomar en serio son las que siguen el modelo de Ferrer con sus notas y apéndices." (1992, 4)

autobiográfico. (Vallbona 1992, 3)

Otro de los motivos por los que se considera que la *Vida i Sucesos* carece de autenticidad es, además de la desaparición del manuscrito autógrafo, el estilo de la narrativa. En ella se perciben características de la épica y de la picaresca. Así, por ejemplo, de la picaresca tenemos los finales de episodios abiertos y el mismo personaje de Catalina, amoral, temeraria, oportunista, sin escrúpulos y persona que se hizo a sí misma a través de los años; y de la épica nos encontramos con una narración rápida en la que se acumulan batallas y peleas, peleas en las que nuestra protagonista reparte cuchilladas a diestro y siniestro saliendo, como cualquier héroe épico, siempre victoriosa. Además, se han detectado breves interpolaciones de anécdotas populares, que los investigadores no han podido corroborar, e, igualmente, se piensa que muchas de estas interpolaciones pueden haber sido producto de la imaginación de Catalina, lo cual pone aún más en tela de juicio la autenticidad de estas aventuras.[10]

Aunque las memorias están cargadas de elementos que nos recuerdan a dichos géneros literarios, no podemos olvidar que éste era el estilo de las memorias de soldados de la época de la Colonia, siendo el objetivo principal resaltar la valentía y la virilidad del soldado. Ferrer, Fitzmaurice–Kelly y Vallbona se manifiestan claramente al respecto y coinciden en que se trata de un documento con validez histórica, tanto por la presencia de fechas y de personajes que existieron—la mayoría de ellos vascos—como por la ya corroborada veracidad de sus hechos. Así, para Fitzmaurice-Kelly, aunque estas interpolaciones ponen en duda la autenticidad del texto, no dañan la sustancia del mismo. De hecho, en relación a éste tipo de memorias, la literatura española no diferencia con claridad entre los textos que narran la vida de una persona y las biografías que, por sus características, pertenecen al género de la picaresca. Como Fitzmaurice-Kelly continúa explicando, no hay crítico que considere que los soldados de la época narraran sus vidas siendo fieles a la realidad y dejando constancia de todos los incidentes que les ocurrieron. Esto no significa que se tengan que descartar como tales todas las autobiografías de soldados que no se ajustan a los hechos reales, al contrario, dichos textos se consideran documentos históricos y verdaderos en esencia (XXXIX).

Sin embargo el problema clave que ha llevado a la crítica a dudar de la

---

[10] Resumo a Vallbona y a Fitzmaurice-Kelly.

legitimidad de la *Vida i Sucesos* es la discrepancia que existe con respecto a la fecha de nacimiento. Según su partida bautismal, Catalina de Erauso nació en 1592; mientras que en la edición de las memorias de Bautista Muñoz y de Ferrer se da la fecha de 1585 y en el retrato que Pacheco pintó de ella durante su corta estancia en España (1624-1630) aparece la inscripción: "*Aetatis suae* 52 *anno*, 1630," de lo que se deduce que, si esa fuera su edad, Catalina habría nacido en 1578. De esta forma y debido a la disparidad que existe en relación al año de su nacimiento, no creo que sea desmesurado aceptar por fidedigna la fecha que consta en su partida bautismal por ser ésta un documento de carácter oficial.

Insistir en que la biografía de Catalina de Erauso es exclusivamente una mera recopilación de episodios novelescos, sería hacerle una injusticia enorme a la vida y a la carrera militar de una mujer, que sorprendió en su época y que todavía sorprende hoy en día a los que leen sus memorias.

Argumento de la comedia de
La Monja Alférez de Pérez de Montalbán
Esta pieza teatral se llevó a escena en Madrid en 1626, año en el que Catalina andaba por España—y Europa—promocionando sus hazañas militares y reclamando el reconocimiento que, como soldado y mujer virgen, creía que se merecía.

La jornada I se desarrolla entre Lima, ciudad donde vive la amante de nuestro protagonista, Doña Ana, y el Callao, donde el héroe, Guzmán (Catalina), ha aceptado una plaza de soldado. Durante el transcurso de estas primeras escenas, Guzmán se despide de los más allegados a él: Doña Ana, a la que promete ver tan frecuentemente como le sea posible, y Don Diego, con quien intercambia unas prendas como recuerdo de la amistad que hay entre ellos.

Don Miguel de Erauso, hermano de Guzmán, también destinado al Callao, recibe una carta de San Sebastián, España. En ella su padre le hace saber que su hermana menor, Catalina, escapó del convento de las monjas dominicas y que, después de buscarla durante años, sus fuentes lo han informado de que anda por las Indias vestida de hombre. Justo después de haber recido esta noticia, Miguel tiene su primer encuentro con Guzmán. Los hermanos se conocen jugando a una partida de cartas, que acaba en una pelea con otro jugador llamado el nuevo Cid. Después de este incidente,

Miguel, sorprendido con la valentía y la lealtad con la que Guzmán lo ha defendido, empieza a sospechar de él y a plantearse la posibilidad de que el recién llegado sea su hermana Catalina.

Mientras Miguel baraja esta hipótesis, Guzmán, que se ha arruinado apostando a las cartas, se reúne con Doña Ana con la intención de que ésta lo ayude económicamente. Sin embargo, la presencia de otros dos caballeros, en concreto, sus amigos Don Diego y Don Juan, lo obligan a salir corriendo. Mientras tanto, Doña Ana, ajena a lo que ocurre en la calle, deja entrar en su alcoba a Don Diego pensando que éste es Guzmán. Don Diego no deja pasar por alto esta oportunidad y tiene relaciones sexuales con Doña Ana pretendiendo ser su amado: "¿Qué dudo? / Hoy tomo justa venganza, / y amor engañando alcanza, / lo que obligando no pudo" (*MA*, Jornada I, Escena XIV).

Mientras tanto, la sospecha de que Guzmán pueda ser su hermana continúa perturbando al capitán de Erauso. Para salir de dudas Miguel le propone que lo acompañe a la playa donde, supuestamente, se va a batir en duelo con otro caballero. Una vez solos, éste le exige que revele su verdadera identidad. Ante situación tan comprometedora, Guzmán no tiene otra opción que la de defenderse con las armas. Miguel cae mortalmente herido y Guzmán huye del Callao convencido de que ha matado a su hermano.

En la jornada II, Guzmán regresa a Lima después de haber estado tres años escondido. En su reencuentro con Doña Ana, ésta le informa de que la noche que lo esperaba fue víctima de la agresión de un impostor y de que le ha guardado los guantes del violador para que le haga justicia. Guzmán los reconoce inmediatamente. Eran los guantes que él le regaló a Don Diego la noche de su despedida. Ante tal evidencia, Guzmán obliga a Don Diego a que admita su culpabilidad y a que enmiende su agresión casándose con Doña Ana para, de esta forma, restaurarle el honor que le robó. Don Diego accede, aunque antes le manifiesta a Guzmán su temor de que Doña Ana, quien nunca lo ha amado, lo traicione una vez casados. Para calmar la ansiedad que le pueda causar la historia de amor que hubo entre ellos dos y para que no haya obstáculo que impida este matrimonio, Guzmán le confiesa a Don Diego su mayor secreto: que es mujer.

Más adelante, nuestro héroe mata al nuevo Cid en un ajuste de cuentas. Este crimen hace que los acontecimientos se precipiten. Guzmán es arrestado y Don Diego, con la intención de ayudarlo, lo traiciona informando al Virrey de que no han arrestado a un hombre sino a una mujer. Ante tal noticia, la orden de ejecución se suspende y el Vizconde le exige a Guzmán que se vista de mujer si quiere salvar la vida.

En la última jornada, Montalbán nos presenta, con mucho acierto, la ansiedad que produce en Guzmán el que su identidad sea de conocimiento público y el que se le exija vestir de mujer. Al final de la comedia y para sorpresa de todos, Guzmán sacrifica su identidad masculina y acepta la humillación que esto le supone para salvar el honor de su amada.

La comedia se cierra con las palabras de Montalbán quien, en boca del Vizconde, anuncia una segunda parte de *La Monja Alférez*, tan pronto como se tenga más información de la vida de tan admirable mujer.

VIZCONDE. Con aquesto, y pidiendo
perdón, tenga fin aquí
este caso verdadero,
donde llega la comedia
han llegado los sucesos;
que hoy está el *Alférez Monja* (énfasis mío)
en Roma, y si casos nuevos
dieren materia a la pluma,
segunda parte os prometo.
(*MA*, Jornada III, Escena IX)

DISCREPANCIAS ENTRE *LA MONJA ALFÉREZ* Y
LA *HISTORIA DE LA MONJA ALFÉREZ,*
DOÑA CATALINA DE ERAUSO

Existen bastantes discrepancias entre la comedia de Montalbán, *La Monja Alférez*, y las memorias de Catalina de Erauso editadas por Ferrer, *Historia de la Monja Alférez, Doña Catalina de Erauso*.[11] En la adaptación teatral nos encontramos con las alteraciones necesarias para poder llevar a la escena la vida de un soldado de la Colonia. Los cambios son cronológicos (orden en el que ocurrieron los hechos), geográficos (ubicación de los mismos) y de forma (desarrollo los acontecimientos). Montalbán inventa en el argumento

---

[11] Trabajo con la edición de Ferrer para cotejar los datos biográficos del personaje de la historia y de la comedia.

de *La Monja Alférez* una serie de datos biográficos que son de esperar en una comedia de Capa y Espada. Es decir, la intención del dramaturgo a la hora de escribir su comedia no fue la de ubicar *La Monja Alférez* dentro del género del teatro histórico, sino la de crear una comedia que reflejara la rareza de la protagonista y, como insistía su maestro Lope de Vega, entretuviera al público. En el Barroco se asignaba el término "rareza" a todo aquello que producía extrañeza y sorprendía agradablemente. José Antonio Maravall explica esta idea barroca de la siguiente forma:

Asombro—palabra a la que con frecuencia se une la de 'espanto'—la idea de algo diferente a una introducción o acceso al saber; más bien, la de un efecto psicológico que provoca una retención de las fuerzas de la contemplación o de la admiración durante unos instantes, para dejarlas actuar con más vigor al desatarlas después. Por eso va referido al gusto de lo nuevo, lo inusitado, el prodigio, lo maravilloso, aquello que espanta, en el sentido de que sorprende en su grandeza o extrañeza. (438-39)

Así y con las palabras de Lope en mente, Montalbán explota una noticia de gran interés social y construye su comedia en torno a unos datos biográficos que le sirven de esqueleto para producir una pieza teatral basada en un contemporáneo suyo. La adaptación al teatro de la biografía de Catalina de Erauso no tiene, por consiguiente, el objetivo de representar minuciosamente las memorias de la Alférez monja sino el de llevar a escena una comedia de Capa y Espada que agradara, sorprendiera y distrajera al público. Montalbán elabora un mundo ficticio en el que el amor entre dos mujeres, el engaño y la traición funcionan como elementos fundamentales del argumento; y confecciona un héroe caracterizado por su masculinidad, su valentía, su sexualidad, su travestismo y su identidad transgenérica.

Las discrepancias entre realidad y ficción son, por tanto, bastantes. Sin embargo, al contrario de lo que opinan Parker y Vallbona entre otros, el mérito de *La Monja Alférez* está en la capacidad que tuvo el dramaturgo para entender aspectos personales del personaje histórico, que le sirvieron para crear una ficción en torno a él. Tachar esta comedia de "absurdas invenciones" (Parker 1970, 668) demuestra que el investigador americano no entendió que *La Monja Alférez* es una comedia de Capa y Espada que fue escrita para el público de un Madrid perplejo con el travestismo y las aventuras de Catalina de Erauso, quien ya era conocida en toda España y en América bajo el seudónimo de la Monja Alférez.

Haber intentado producir una comedia histórica fiel a la biografía habría sido técnicamente imposible. Difícilmente se podría haber representado la vida de un personaje que durante veinte años recorrió España y el Nuevo Mundo. El propósito de Montalbán no fue, pues, el de mostrarnos todas las hazañas de su vida militar, aventuras, viajes (todo esto no es muy diferente a otras memorias de colonizadores), peleas callejeras y crímenes de la Monja Alférez, sino el de utilizar la información más sensacionalista de su vida para escribir una comedia en la que, por primera vez, se trataba de forma poco convencional el personaje de la *mujer varonil*. En el teatro del Siglo de Oro por *mujer varonil* se entendía a la mujer que con o sin ropa de hombre lo emulaba en sus actos, en el habla, en el raciocinio, en el estilo de vida y en la valentía. Esta mujer rechazaba todas las características que culturalmente se consideraban femeninas: el silencio, la obediencia, la sumisión, la cobardía, la flaqueza física y moral y la debilidad intelectual.

El travestismo, como se verá más adelante, era un aspecto inherente de Catalina de Erauso y, por consiguiente, debía ser fundamental en la obra de Montalbán. En la *Historia*, por ejemplo, leemos que Catalina levanta expectación y asombro en la Colonia—donde se la conocía como hombre—cuando viste de monja, o sea, de mujer; mientras que en España—donde sólo se conocían detalles de su vida conventual—el pueblo tiene interés en verla vestida de hombre. Como Sherry Velasco establece es "la doble naturaleza [...] como 'alférez' (masculino) y como 'monja' (femenino) lo que crea el espectáculo del transgénero" (72) (mi traducción) y, como consecuencia, lo que levantó tanta expectación. Así narra la misma protagonista su llegada a Lima (vestida de mujer) y a Cádiz y Roma (vestida de hombre):

> Entramos en Lima ya de noche, y sin embargo ya no podíamos valernos de tanta gente curiosa que venía á ver á la *Monja* Alférez. (Énfasis mío) (*Historia* 102–3)
>
> De Cádiz me fui a Sevilla, y estuve allí quince días, escondiéndome cuanto pude, huyendo del concurso que acudía a verme *vestida de hombre* (énfasis mío). De allí me pasé a Madrid, y estuve allí veinte días sin descubrirme. (*Historia* 102)
>
> Hízose el caso allí notorio, y fue notable el concurso de que me vide cercado, de personajes, príncipes, obispos, cardenales, y el lugar que me hallé abierto donde quería, de suerte que en un mes y medio que estuve en Roma, fue raro el día en que no fuese convidado y regalado de

príncipes [...] y me asentaron en un libro por ciudadano romano [...] y todos ó los demás me mostraron notable agrado y caricia, y me hablaron muchos. (*Historia* 116–17)

Al dramaturgo madrileño, sin embargo, le interesa reflejar no sólo la curiosidad del pueblo español, sino la ansiedad y la angustia que causa en Guzmán vestir de mujer y el que se quiera hacer de él objeto de la curiosidad de la gente. Montalbán lleva a la escena la humillación de la Monja Alférez cuando se la presenta como si su persona se tratara de un "espectáculo teatral" ("theatrical spectacle") (Taddeo 117) o de una "hibridez sensacional" ("sensational hibridity") (Velasco 73):

GUZMÁN: [M]e dejaba dar la muerte
          en un infame teatro,
          todo por no publicar
          que soy mujer, ¿no es en vano
          querer que me vista ahora
          de lo que aborrezco tanto?
          (*MA*, Jornada III, Escena III)

Y más adelante:

GUZMÁN.   [¿E]s por ventura milagro
          ver a una mujer vestida
          de mujer?
          (*MA*, Jornada III, Escena III)

Montalbán también incluye hechos que en sus memorias son significativos, pero que en la comedia se presentan al margen de los acontecimientos. En concreto me refiero a su servicio de soldado en la Armada Española, su destierro de tres años,[12] su estancia en el convento de las monjas Trinitarias, la detención que sufrió en Madrid "por mandado del vicario" (Ferrer 108),[13]

---

[12] En la *Historia* el destierro que sufre es por mandato de su hermano, quien la encontró coqueteando con su amada. En *La Monja Alférez* Montalbán altera lo que se narra en la *Historia*: Guzmán se auto-exilia creyendo que ha matado a su hermano.

[13] En la *Historia* la narradora no explica el motivo de su arresto, mientras que

la solicitud de una pensión al Rey y su viaje a Roma para pedir la bendición papal.

A pesar de que la invención artística del dramaturgo es bastante, ésta se organiza alrededor de los aspectos más problemáticos de la biografía de Catalina: las muertes de Miguel de Erauso y el nuevo Cid—de las cuales no se tiene información histórica alguna—y el conflicto interno de una mujer que con su comportamiento demuestra que se niega a aceptar el rol genérico de su sexo. La aventura amorosa entre Guzmán y Doña Ana y los hechos que se desarrollan alrededor de ella (la violación de Doña Ana, la traición de Don Diego, el arresto de Guzmán y el sacrificio de revelar su identidad para salvar el honor de su amada) nunca existieron en la vida de Catalina y, sin embargo, son parte fundamental de la comedia.

Vemos que Montalbán no tuvo ningún reparo en provocar sensacionalismo de un aspecto de su héroe que no es el eje central de la *Historia*. Podemos especular sobre las razones por las que lo hizo: por un lado, las relaciones amorosas eran el tema central sobre el que giraban las comedias de Capa y Espada y, por otro, la sexualidad, y en concreto la sexualidad "anormal" del *otro* era—y es—de sumo interés social y político;[14] de hecho, en la literatura del Siglo de Oro se utilizaba como metáfora del desorden social y del caos del mundo.

Al contrario que en la *Historia*, la presencia de su hermano es de suma importancia en *La Monja Alférez*. En la pieza teatral se trata de un episodio que abarca gran parte de la primera jornada y es fundamental en el desarrollo de los acontecimientos. Las circunstancias que rodearon el encuentro con Miguel difieren en ambos textos. Si en la comedia Guzmán reconoce a su hermano en una casa de juegos, en la *Historia* Catalina lo identifica cuando éste pasa revista a la compañía en la que va enrolada para servir en La Concepción de Chile y sin que él, en ningún momento, llegue a reconocerla:

Llegando á mi y oyendo mi nombre y patria, soltó la pluma y me abrazó, y fue haciendo preguntas por su padre y madre, y hermanas,

---

en la comedia lo achaca a su travestismo.

[14] Como Malveena McKendrick especula en *Woman and Society in the Spanish Drama of the Golden Age: A study of the Mujer Varonil* uno de los factores que llevó al creador de La Monja Alferez a basarla en estos aspectos de su vida fue el que la sexualidad de Catalina estuviera en boca de todos. (214)

y por su hermanita Catalina la monja: y fui á todo respondiendo como podía, sin descubrirme ni caer él en ello. (*Historia* 27–8)

Lógicamente era imposible que el capitán identificara a su hermana. Como él mismo dice en la comedia, nunca la conoció de adulta y fueron muchos los años y las batallas que pasaron y dejaron mella sobre el cuerpo y las facciones de Catalina:

MIGUEL: Mas en diverso traje, y las facciones
ya de los años, del calor, y el frío
mudadas, y en Américas regiones,
que son tan dilatadas, desvarío
será el querer buscarla, [...]
(*M.A.* Jornada I, Escena V)

La carta y el retrato que éste recibe, aunque son elementos cliché de la Comedia, tienen un papel fundamental en este episodio de *La Monja Alférez*. Por un lado, ayudan a crear tensión dramática en el escenario, pues se informa al público de que el padre tiene localizada a su hija; y, por otro, provocan una relación entre hermana y hermano llena de sospecha, siendo el espectador testigo de la frialdad con la que Guzmán actúa en circunstancias tan arriesgadas.

En el duelo entre los hermanos también encontramos cambios significativos. En la *Historia*, éste es accidental y Catalina desconoce en todo momento la identidad de su adversario. Por el contrario, en *La Monja Alférez*, Guzmán se ve obligado a batirse con su hermano para proteger su falsa identidad y evitar que éste lo encierre en un convento o lo mate, pues de ello lo amenaza su hermano: "a que desta playa misma, / sin plazo, ni dilaciones / en un convento de Lima / he de partir a encerrarte, / o he de quitarte la vida, / porque no hagas más afrenta / a la nación vizcaína [...]" (*MA*, Jornada I, Escena XVIII). Guzmán huye al Arauco, donde se esconde convencido de que ha matado a su hermano, siendo más adelante cuando se nos informa de que éste sanó de las heridas para morir posteriormente de una enfermedad.

El dramaturgo no sólo crea en este capítulo una relación de amistad entre hermanos, sino que las escenas confeccionadas en torno al duelo están cargadas de un dramatismo prácticamente inexistente en la *Historia*. Es muy probable que toda esta fabricación se debiera a que Montalbán no quería llevar al teatro madrileño un personaje fratricida. Obviamente, ese crimen en particular no le habría ayudado a la hora de producir un héroe con el que el público de Madrid simpatizara de inmediato. Simplemente, Guzmán / Catalina no podía cometer fratricidio.

El otro episodio que Montalbán llena de ficción es el relacionado con el personaje del nuevo Cid.[15] Si en la *Historia* el nuevo Cid es un individuo más que se cruza en su vida y al que, como a muchos otros, mata,[16] en *La Monja Alférez*, el primer enfrentamiento con este personaje es lo que hace que Miguel de Erauso empiece a sospechar que Guzmán es su hermana. La exageración del segundo y último encuentro entre el nuevo Cid y Guzmán tiene el único propósito de engrandecer la figura de éste último y de crear el perfil de un héroe invencible que defiende su honor y el de su hermano:

GUZMÁN: ¡Ha vil traidor!

EL CID: Procura defenderte.

GUZMÁN: ¿Conoces que es Guzmán el que contigo mide la espada?

---

[15] El episodio del nuevo Cid tampoco se ha podido corroborar históricamente. Joaquín María de Ferrer especuló que el episodio del nuevo Cid fue invención de Montalbán y, posteriormente, adaptado en la *Historia*. Por su parte, Rima de Vallbona afirma en su edición crítica que "[p]ara que tal episodio fuera elaborado de la comedia, tendría que probarse que ésta se dio a conocer antes de 1625" (1992, 19). Lógico, *La Monja Alférez* se llevó a escena en 1626, por lo que el manuscrito ya se había escrito, de ahí que si este fuera el caso, la comedia tendría que haberse escrito mucho antes de que el manuscrito apareciera.

[16] En la *Historia*, la muerte del nuevo Cid se narra como un episodio temerario y sangriento. El nuevo Cid muere y Catalina sale gravemente herida: "Entróme un día en casa de un amigo á jugar: [...] arrimóse á mí el nuevo Cid, que era un hombre moreno, belloso [...] Proseguí mi juego, gané mi mano, y entró la mano en mi dinero, y sacóme unos reales de á ocho, y fuese [...] Volvíme a entrar la mano al dinero: sentílo vení y con la daga clavéle la mano en la mesa [...] apretáronme mucho y diéronme tres heridas [...] me dió el Cid por detrás una puñalada [...] y caí en tierra echando un mar de sangre [...] yo me levanté y vide al Cid á la puerta de la iglesia: fuíme á él [...] se la entré por la boca del estómago atravesándolo y cayó pidiendo confesión: yo caí también [...] y viéndome morir declaré mi estado. Luego me pasaron á San Francisco [...] por recelo de la justicia: y allí estuve cuatro meses [...] Ya mejor y con certidumbre [...] determiné, con ayuda y consejo de unos amigos, mudar tierra." (*Historia* 85–7)

EL CID:　　　　　　　　Muerto soy, espera,
　　　　déjame confesar antes que muera.
　　　　　　(*MA*, Jornada II, Escena VIII)

　　Obviamente, la percepción que se tiene de Catalina y de Guzmán es diferente según el texto que se lea. Si en la *Historia*, finalmente, se arresta al ser pendenciero que en repetidas ocasiones ha escapado de la justicia, en *La Monja Alférez* se arresta al "hombre" que asesina al nuevo Cid en defensa de su honor.

　　La muerte del nuevo Cid nos lleva al episodio del descubrimiento de la identidad de Guzmán. En la *Historia*, la confesión de su identidad fue el intento desesperado de Catalina por salvar su vida;[17] mientras que en la obra de teatro fue su lealtad y su amor por Doña Ana lo que la llevó a reconocer ante el Vizconde su condición de mujer.

GUZMÁN.　　Y para que efeto tenga
　　　　　　segunda vez os confieso,
　　　　　　que soy mujer, pues deshago
　　　　　　y satisfago con esto
　　　　　　vuestro agravio, pues decís,
　　　　　　que soy mujer, es lo mesmo,
　　　　　　que confesar que no pude
　　　　　　agraviaros, ni ofenderos; [...]
　　　　　　vencida, y que a merced vuestra
　　　　　　vivo, pues quedáis con esto,
　　　　　　mucho más que con matarme,
　　　　　　ventajoso, y satisfecho.
　　　　　　　　(*MA*, Jornada III, Escena IX)

　　Esta dramática confesión desemboca en el dilema de la identidad

---

[17] "Salí un día á boca de noche, y á breve rato quiere mi desgracia que topo con dos alguaciles: pregúntame ¿qué gente? y respondo: amigos. Pídenme el nombre, y digo: el diablo, que no debí decir: vanme á echar mano: saco la espada, y ármase un gran ruido: ellos dan voces diciendo, favor á la justicia: va acudiendo la gente: sale el corregidor [...] salió el obispo con cuatro hachas y entróse por medio, encaminólo hacia mí su secretario Juan Bautista de Arena [...] y dígole: señor [...] que soy muger." (*Historia* 95–6)

genérica de Guzmán, lo cual es un aspecto del héroe que se hiperboliza hasta la saciedad en la comedia. Es interesante ver cómo Montalbán exagera la estancia de Catalina de Erauso en el convento de las monjas Trinitarias. El dramaturgo la presenta como una fiera indomable, de mal carácter, irreverente y de la que las mismas monjas tuvieron que deshacerse; mientras que en la *Historia* Catalina nunca articuló verbalmente que rechazaba ser mujer. De hecho, la manipulación que hizo de su virginidad para insistir en la superioridad de su persona, seguida de su apacible estancia en el convento de las monjas Trinitarias—en espera de que llegara de España la documentación que corroborara que había sido novicia de las monjas Dominicas de San Sebastián, demuestran la templanza con la que aceptó su condición de mujer y su oportunismo, ya que, en todo momento, su único objetivo fue salvar su vida y que le permitieran vestir de hombre.[18] Rima de Vallbona observa la discrepancia entre ambos textos:

> Respecto al rechazo constante que la protagonista hace de su condición femenina en la comedia, hay que aclarar que en el texto autobiográfico, de Erauso no se queja una sola vez de ser mujer, pues sabe que ella se ha ganado el respeto de los valientes, ha alcanzado la fama que muchos hombres quisieran para sí mismos. (1992, 22)

El hecho de que en la autobiografía Catalina acepte sin trauma volver a la vida conventual o, lo que es lo mismo, retomar su *rol* de mujer, se debe a que era consciente de lo que teológicamente significaba ser virgen. Como Perry afirma, llama la atención la insistencia de la narradora en resaltar su vida de mujer-virgen-soldado. Evidentemente, su virginidad era indispensable en un período de su vida en el que la integridad de su persona estaba en tela de juicio.[19] Catalina sabía que, si quería que la aceptaran en España,

---

[18] En la *Historia,* Catalina habla de su estancia en el convento como uno de los episodios más agradables de su vida: "Díjome su ilustrísima el día siguiente, que viese y eligiese el convento donde quisiera estar [...] finalmente vine a elegir el de la santísima Trinidad [...] allí estuve dos años y cinco meses hasta que volvió de España razón bastante de como no era yo ni había sido monja profesa: con lo cual se me prometió salir del convento, *con sentimiento común de todas las monjas,* y me puse en camino para España." (*Historia* 104) (énfasis mío)

[19] "If these were in fact qualities of Catalina de Erauso [her sexual attraction for women and her proclivity for gambling and fighting], she did not mention them in her petitions or in the account of her life that she gave to a cleric in Rome

tenía que mantener su reputación intacta.[20] En cambio, en *La Monja Alférez*, la virginidad es un aspecto de Guzmán que se saca a relucir en una sola ocasión: cuando Guzmán va a entrar en la alcoba de Doña Ana, y Machín, quien ignoraba que su amo era mujer, le advierte que corre el riesgo de romper su "voto de castidad" (*MA*, Jornada I, Escena XII).

Las modificaciones que Montalbán realizó en *La Monja Alférez* no se debieron, por tanto, a que éste estuviera mal informado de la vida de tan asombrosa mujer, sino todo lo contrario. Al escritor no le interesaba llevar a las tablas del teatro madrileño ni al soldado invencible—y hasta cierto punto poco creíble—de mil y una batallas, ni al individuo pendenciero, temerario y homicida de la *Historia*. Montalbán sabía que representar el lado oscuro de Catalina de Erauso no le iba a ayudar a la hora de crear un héroe noble que simpatizara de inmediato con el público. Las discrepancias entre la *Historia* y *La Monja Alférez* no le roban calidad a la comedia; al contrario, son necesarias para crear tensión e intriga en el desarrollo del argumento y, sobre todo, para construir un héroe de comedia que resultara atractivo y honorable.

LA MONJA ALFÉREZ Y LA CRÍTICA LITERARIA.s

James Fitzmaurice-Kelly publica en 1908 la primera edición anotada de *La Monja Alférez*. En su introducción hace una breve referencia a la comedia que él mismo anota y en ella sugiere que la *Vida i Sucesos de la Monja Alférez* puede ser posterior a la comedia de Montalbán, ya que, según él, el episodio

---

in 1625, presumably to protect the chaste and sober persona that won approval from the pope and a yearly income from Philip IV with license to live and dress as a man." (Perry 240)

[20] En la *Historia*, Catalina de Erauso confiesa muy oportunamente su condición de mujer, novicia y virgen cuando la arrestan por última vez. Catalina sabía que era la única posibilidad que tenía para escapar de la justicia, que llevaba tiempo buscándola por sus muchos crímenes: "A la tarde, como á las cuatro, *entraron dos matronas y me miraron* y se satisficieron, *y declararon* después ante el obispo con juramento, haberme visto y reconocido cuanto fue menester para certificarse y *haberme hallado virgen intacta*, como el día que nací. Su ilustrísima se enterneció, y despidió á las comadres, y me hizo comparecer, y delante del capellán, que vino conmigo, me abrazó enternecido, y en pie, y me dijo: hija ahora creo sin duda lo que me dijiste, y creeré en adelante lo que me dijereis; y os venero como una de las personas notables del mundo, y os prometo asistiros en cuanto pueda y cuidar de vuestra conveniencia y del servicio de Dios." (*Historia* 99) (énfasis mío)

del Cid que aparece en las memorias se podría haber extraído de la comedia (XXXIII).[21]

Carmen Bravo-Villasante en su estudio sobre la *mujer varonil*, titulado *La Mujer Vestida de Hombre en el Teatro Español* (1955) ubica al personaje de Guzmán dentro del grupo de mujeres guerreras, "matonas" y "marimachos intratables." Según ella, el error de Montalbán fue el haber exagerado el personaje de Catalina de Erauso "hasta la deformación" (154). En oposición a la afirmación de Bravo–Villasante, Jack Parker en su artículo sobre la comedia, *"La Monja Alférez* de Juan Pérez de Montalbán: Comedia americana del siglo XVII" (1970), resalta la elaborada caracterización del héroe y reconoce que la riqueza de Guzmán deja en la sombra al resto de los personajes:

> Juán Pérez de Montalbán se esmera en la caracterización de su protagonista, siendo ella el personaje de alma más rica y mejor matizada. No tiene ya la seducción de una feminidad atrayente, sino la ferocidad de un carácter excesivamente varonil, que armoniza más con el vestido masculino. (669)

El investigador norteamericano comprende que el héroe y la comedia habrían fracasado si Montalbán hubiera insistido en un comportamiento que no hubiese sido congruente con la identidad masculina del personaje histórico. Precisamente, en ello radica lo significativo del personaje y de la comedia: en la lealtad del dramaturgo a aspectos innatos de la naturaleza del personaje de la realidad.[22]

Rima de Vallbona publica en 1992 una detallada edición de sus memorias, *Vida I Sucesos de la Monja Alférez*. En ella Vallbona cataloga *La Monja Alférez* como una "comedia de Capa y Espada de carácter didáctico" y no considera que la comedia de Montalbán sea reaccionaria, sino todo lo

---

[21] "My own conjecture would be [...] that the work was mainly pieced together by some deft hand from the genuine *Relaciones* for which Catalina was responsible, and that the episode of the New Cid was elaborated from Pérez de Montabán's play, *La Monja Alférez*; but this is purely personal impression, and nothing more."

[22] Aunque Parker admire el heroísmo de Catalina, su espíritu guerrero y su ansia de libertad, rechaza su lesbianismo, considerándolo de "anormalidad casi patológica" (1970, 670) y entendiéndolo como un comportamiento sexual masculino que no es propio de la mujer.

contrario. Según ella, la sumisión final del héroe es una lección moral para todas aquellas mujeres que querían alterar la armonía social y genérica de los dos sexos. Vallbona ubica *La Monja Alférez* en la etapa decadente de la *mujer varonil* y en la que el personaje ya aparece sumamente deformado:

> Esta comedia tiene un carácter didáctico al cual se supedita la acción. Por tanto, con otras escenas parecidas, cumple el cometido de subrayar la valentía, fanfarronada y destreza del protagonista como espadachín, todo para engrandecer su figura al final de la pieza, con un gesto de sumisión. (20)

Vallbona no entiende la humillación final de Guzmán ni la aceptación de su sexo femenino como un acto momentáneo y necesario para salvar el honor de Doña Ana, sino como la subordinación final que ennoblece al héroe. Si tal hubiera sido la intención de Montalbán, éste habría terminado su comedia con Catalina vestida de mujer y casada con algún personaje masculino, como ocurría en la mayoría de las obras teatrales de la época en la que aparecía la travestí; sin embargo el final de *La Monja Alférez* anunciando que "*el* Alférez Monja" anda por Roma vestida de hombre contradice la idea establecida por Vallbona y deja claro que la humillación del héroe no era el final que el dramaturgo tenía reservado para su mujer travestí.

Sara Taddeo, Mary Elizabeth Perry, Irma Vélez y Sherry Velasco han publicado los primeros trabajos sobre *La Monja Alférez* que la enfocan desde una perspectiva de Género. Las cuatro consideran la comedia de Montalbán de gran valor estético y la ven como un texto que desestabiliza el orden social y las dicotomías en las que se basan los roles genéricos.

Perry en su artículo, "*La Monja Alférez*: Myth, Gender and the manly woman in a Spanish Renaissance Drama" (1987), sitúa al héroe dentro de dos polos opuestos: el convencional y el subversivo. Convencional porque reafirma el *status quo* al ser la nobleza quien la reintegra en la sociedad como hombre y al presentar un personaje, Guzmán, que imita el género masculino y rechaza el femenino: "[s]u lucha por liberarse de cualquier conección con la identidad femenina sirve para exaltar la superioridad masculina" (239) (mi traducción). Y subversivo porque éste construye su propia identidad. El héroe, con su travestismo, transgrede todas las normas genéricas de su época y se convierte en una amenaza al orden social y al concepto que se tenía de la mujer. Catalina (Guzmán) rechaza el *rol* del género femenino, es decir, repudia la pasividad y la sumisión que se esperaba de ella para apropiarse de la libertad que el hombre simboliza (426). Como Perry indica es la ambigüedad del personaje de Montalbán lo que asegura la subversión de éste:

> [L]a Catalina de Erauso del drama de Montalbán sirve para reforzar el orden genérico; y la resolución de su confusión genérica proporciona una seguridad que va más allá del debate de género, de la misma manera que la ambigüedad de esta mujer varonil se convierte en una metáfora de incertidumbre social en la España del siglo XVII. (239-40) (mi traducción)

El éxito de la Catalina de la ficción y de la historia radica en que ambas consiguieron demostrar y retar la fragilidad de los roles genéricos y de los conceptos de "hombre"/"mujer." Para la historiadora americana, el problema de Erauso no fue tanto el rechazo de su condición biológica de mujer sino el tener que aceptar el comportamiento predictado para la mujer (245).

Sara Taddeo en su artículo, "*Mentís que no soy mujer mientras empuño este acero*: Verdad, Engaño y Valor in *La Monja Alférez*" (1992), observa, al contrario de lo que opina Parker,[23] que la obra de Montalbán es una comedia que se mantiene fiel a las reglas del *Arte Nuevo de Hacer Comedia* de Lope de Vega. Según ella, el dramaturgo juega con dicotomías barrocas tales como, "verdad / engaño, naturaleza / cultura, ser / parecer" —siendo el personaje de *la mujer vestida de hombre* producto de estos binomios— e introduce los populares motivos del "*theatrum mundi*" y "del mundo al revés" (13). Taddeo observa que la Monja Alférez no es el héroe convencional al que el teatro de la época estaba acostumbrado, Montalbán en su lugar introduce una *mujer varonil* que desplaza tanto a la *dama* como al, teóricamente, *galán* (111). Como continúa explicando, la originalidad de Guzmán radica en que el dramaturgo madrileño hace de él "víctima y héroe que

---

[23] "En manos de Juan Pérez de Montalbán, las aventuras de doña Catalina forman una comedia de capa y espada, considerablemente adulteradas en narraciones novelescas. La versión dramática puede llamarse una presentación fantástica de unos pocos aspectos de su vida soldadesca, porque dicha versión resulta plagada de anacronismos y absurdas invenciones." (Parker, 1970: 667–8)

distorsiona las características del género literario y así cuestiona todas sus premisas" (111) (mi traduccion); es decir, Guzmán es "víctima" del sistema patriarcal que insiste en que vista de mujer y de la traición de su amigo Don Diego y "héroe" que sacrifica su identidad masculina para restaurar el honor de su amada.

Irma Vélez, en su trabajo *"Vida y Sucesos de la Monja Alférez:* Un caso de travestismo sexual y textual" (1996),[24] explica que la autenticidad de la *Historia* se ha cuestionado debido al problema genérico que supone la identidad sexual de la figura histórica de Catalina de Erauso: "Fantasía o no, lo que se puede averiguar es que la identidad sexual de Catalina de Erauso en su desorden genérico amenaza la propia identidad del texto como autobiografía, creando otro desorden genérico de orden textual" (398). La observación de Vélez igualmente se puede aplicar al texto y al personaje literarios, pues ha sido el carácter "ambiguo" o *queer* del protagonista lo que ha provocado que la crítica literaria haya subestimado la comedia y rechazado el valor artístico de su héroe.

Sherry Velasco en su estudio *The Lieutenant Nun. Transgenderism, Lesbian Desire, and Catalina de Erauso* (2000) ubica la obra de Montalbán dentro del género "docudrama" popular ya que combina hechos reales y ficticios con el objetivo de entretener al público (60). Con respecto al lesbianismo de Guzmán, Velasco propone que la relación amorosa entre Guzmán y Doña Ana fue viable debido a la "cuidadosa construcción de la lesbiana travestí"(mi traducción) (67). Según Velasco, el dramaturgo, por una parte, presenta la conducta de su héroe como producto de su mala experiencia conventual y, por otra, se asegura de que el deseo de Guzmán no sea fálico, lo cual culmina con el sacrificio de su libertad y de su identidad por su amada. (64-67). O sea, la falta de culpa del héroe y la ausencia de contacto sexual entre estas dos mujeres fueron elementos esenciales para que Montalbán pudiera llevar al teatro un amor lésbico.

Posteriormente, en su artículo de 2002, "La Primera Dama, el Público y Catalina de Erauso: Colaboración teatral en *La Monja Alférez* de Pérez de Montalbán," Velasco habla de la importancia del *casting* de la primera dama. La actriz, Julia Robles, ya era conocida por sus previas interpretacio-

---

[24] Aunque en su artículo Irma Vélez analiza las memorias (no la comedia) y la aceptación que ésta ha tenido entre la crítica literaria, creo que en este caso es pertinente incluirlo aunque sea con brevedad, ya que la conclusión del mismo se puede, fácilmente, aplicar al estudio que muchos han realizado de la comedia.

nes de papeles masculinos; en concreto la llevó a la fama "la valentía y la perfección profesional" que demostró en *El Anticristo* de Juan Ruiz de Alarcón en 1623 (118). Tiene sentido que fuera ella la elegida para representar el papel de Guzmán, pues, al igual que Catalina de Erauso, "Robles fue capaz de superar al hombre en el trabajo asignado para él" (120). Velasco concluye afirmando que el éxito de *La Monja Alférez* no dependió exclusivamente del texto literario, sino que hubo otros factores importantes que entraron en juego: la fama de la persona en la que se basa la comedia, la popularidad de la primera dama y el éxito de ésta en sus trabajos previos como *mujer varonil* (127).

Jules Whicker en "La Virtud militar y el diseño moral de *La Monja Alférez* de Montalbán" (2002) analiza la virtud militar de Guzmán. A pesar de que en la comedia no se representa ningún aspecto de su vida de soldado, es en la capacidad que tiene para resolver dilemas personales donde se aprecia el conjunto de cualidades que definen la virtud militar del héroe: el valor, la prudencia y la constancia. Así, en las *certificaciones* que Guzmán presenta al Rey se insiste en su valor, "lo cual es un factor imprescindible para que los hombres lo acepten como tal, incluso después de saberse que es mujer" (1856). La prudencia del héroe queda demostrada en su capacidad de resolver dilemas personales. Las visitas nocturnas a su amada, la entereza con la que afronta las sospechas de Don Miguel y la manipulación que hace de Don Diego para que éste confiese su delito y se comprometa a casarse con Doña Ana, demuestran la cautela con la que actúa a lo largo de la comedia. Y deja prueba de su constancia con la paciencia con la que afronta todo lo relacionado con la restauración del honor de Doña Ana y con la perseverancia con la que protege su identidad, para finalmente sacrificarla sin que por ello sea menos admirado. Guzmán demuestra que "la verdadera libertad depende del dominio de sí mismo y que no está opuesta a la obediencia" (1859).

Christian Andrès en "Historicidad, Mito y Teatralidad en el personaje de la Monja Alférez (según la comedia de Juan Pérez de Montalbán)" (2002) considera que Montalbán fracasa en su intento de hacer de Guzmán un mito literario. El comportamiento pendenciero del personaje, su travestismo, su homosexualidad, sus otros defectos, como "la afición al juego o la brutalidad" (260), y la parodia que el mismo dramaturgo hace de Guzmán cuando se ve obligado a vestirse de mujer impiden que alcance la categoría de mito que tienen otros personajes como el Cid o Don Juan (261-2). Lógicamente,

Guzmán no se puede comparar con estos dos personajes literarios. De hecho, nadie ha podido igualar la carrera militar del Cid, guerrero que pasó a la historia por haber salido victorioso en todas las batallas en las que participó. Aún así, las razones por las que Guzmán o Catalina de Erauso no se han convertido en un mito literario e histórico, respectivamente, no se limitan a los motivos mencionados por Andrès, sino al carácter subversivo de ambos. En la comedia y en la *Historia* tenemos a una mujer que opta por el atuendo masculino porque quiere *ser* hombre y consigue que lo acepten como tal.

Andrès tampoco parece entender el travestismo de Guzmán. Como Velasco explica, el objetivo de Montalbán no es parodiar o ridiculizar a Guzmán cuando no sabe vestirse de mujer, sino todo lo contrario, demostrar que lo ridículo de esta escena es Guzmán—el hombre—con ropa de mujer: "[E]n vez de burlarse de la protagonista, la escena muestra que el *drag* verdadero no es la actriz vestida de hombre sino de Catalina de Erauso (Guzmán) vestida de mujer" (Velasco, 2002: 124).

Como argumenta Vélez con respecto a las memorias, es el carácter indefinido y provocador del héroe lo que ha hecho que *La Monja Alférez*, a pesar de ser una comedia de notable originalidad, haya sido subestimada y objeto de la mofa de muchos eruditos. Así, Carmen Bravo-Villasante, considera que el personaje de Montalbán "se ha exagerado hasta la deformación de una caricatura" (154); Parker lo caracteriza como un "macho completo" con "pasiones anormales" (1970: 670); y Vallbona tacha la valentía del personaje de "fanfarronada" (20).

Travestismo, Lesbianismo e Identidad transgenérica

Para entender el personaje de *La Monja Alférez* es importante considerar tanto la biografía de Catalina de Erauso como el concepto que la cultura del Renacimiento tenía del hombre, de la mujer y de la sexualidad. Muchos son los aspectos culturales que se deben tener en cuenta a la hora de hablar del travestismo, de la identidad genérica y de la sexualidad de una mujer (Catalina) que vivió en el siglo XVII y de la que se sabe relativamente poco. La escasa información que se tiene sobre su lesbianismo se debe a que fue relativamente parca de palabra con respecto a la naturaleza de su sexualidad y a que se limitó a relatar anécdotas homoeróticas, las cuales para muchos parecen tener la exclusiva función de demostrar su masculinidad y de sorprender al lector. Aunque para Encarnación Juárez lo que llama la atención de estas aventuras lésbicas es el hecho de que se percibe en ellas "la tensión que le causa [a Catalina] el engaño sexual y la imposibilidad de consumir la relación" (190).

Ian Maclean, a lo largo de su interesante trabajo *The Renaissance Notion of Woman*, demuestra que la noción que se tenía en el Renacimiento de la mujer tuvo su origen en el seno de un conjunto de ciencias y teorías, entre ellas, la teología, la medicina, la ética, la política y el derecho, que colaboraron en la creación de una serie de características que iban a definir a la mujer. El estudio interdisciplinario fue por tanto indispensable en la formación de la idea de la inferioridad del sexo femenino:

> El modo en que se creó Eva sugiere el *status* inferior de la mujer incorporado en la teoría del *mas occasionatus*; el primer pecado les recuerda a los juristas la idea de la *imbecillitas animi* de la mujer; la maldición de la subordinación al marido se iguala al *deterior conditio* de la mujer según la ley [...] (83) (mi traduccion).

Esta "naturaleza" de la mujer estaba ligada a la teoría del *mas occasionatus* y a la interpretación que se le ha dado a la alegoría de la caída de Eva.[25] El matrimonio—y, por consiguiente, la subordinación de la mujer a su esposo—se entendía como el "estado natural" de la mujer, era la institución ideal para un ser humano que se consideraba carente de intelecto (57). Así el término *mulier economica* identificaba a la mujer dosméstica, cuyas acciones se limitaban a las labores domésticas, la administración del hogar y la educación de los hijos. Maclean lo resume de la siguiente manera: era "la mujer casada, a punto de casarse, destinada para el matrimonio o una viuda: no hay lugar [...] para una mujer que tenga la intención de quedarse soltera [...]" (57) (mi traducción). Todo esto explica que a lo largo de la historia se la haya considerado, empleo palabras de Luce Irigaray, como un objeto de transacción económica que beneficiaba, por un lado, a la mujer al "garantizarle" seguridad económica y al ubicarla bajo la tutela de una persona intelectualmente superior a ella—su esposo—y, por otro, favorecía

---

[25] Teoría aristotélica según la cual la concepción de la mujer es producto de una semilla defectuosa. El hombre o, para ser más concretos, su semen sólo puede producir un ser humano perfecto. El nacimiento de una mujer es, entonces, un *mas occasionatus*; es decir, un fracaso o un error del hombre. (Maclean 8)

al hombre, ya que incrementaba el poder económico de las dos partes—padre y esposo—involucradas en dicha transacción:

> Las mujeres están marcadas fálicamente por sus padres, esposos y procuradores. Este etiquetamiento determina su valor dentro del comercio sexual. Las mujeres no son nada excepto el lugar de un más o menos competitivo espacio de intercambio entre hombres [...] (Irigaray 31-2) (mi traducción)

Bajo la condición de ser deficiente de intelecto y, como consecuencia, incapaz de ser persona autónoma, a la mujer le resultó imposible perfilar su futuro y no tuvo posibilidad de elección ni en asuntos tan personales como los del amor. A lo largo de los siglos nuestra cultura la ha sexualizado por su capacidad reproductora y, debido a ello, la ha subyugado y convertido en un objeto de valor, facilitando de esta forma la viabilidad del actual orden social.[26] Como explica la historiadora Joan Wallach Scott, la confusión entre sexo (biológico) y género además de haber determinado las relaciones sociales entre ambos sexos, ha definido la noción que culturalmente se tiene del hombre y de la mujer; o sea, la "naturaleza", el comportamiento y la función que se espera de los mismos en la sociedad (32).[27]

Resulta lógico pensar que en el Renacimiento, época en la que se realizan grandes descubrimientos geográficos, viajes y encuentros entre diferentes culturas,[28] época en la que el Humanismo introduce una nueva forma de entender el mundo, en concreto, la idea de la persona que se hace a sí misma, y época en la que empieza a cuestionarse el orden social, a replantearse la función de la Iglesia y el papel de la religión y a reconsiderarse el concepto *mujer* y la institución matrimonial,[29] la mujer viera la

---

[26] "This transformation of women's bodies into use values and exchange values inagurates the symbolic order." (Irigaray 189)

[27] Scott en su trabajo *Gender and the Politics of History* (1988) define *género* de la siguiente manera: "Gender becomes a way of denoting 'cultural construction', the entirely social creation of ideas about appropiate roles for women and men [...] Gender is, in this definition, a social category imposed on a sexed body [...]" (32)

[28] Ver el capítulo 2 del trabajo de María Jesús Izquierdo, *El malestar en la desigualdad*.

[29] "Prominent Renaissance texts which treat of this rehabilitation of

posibilidad de cierta autorealización personal. Maclean en su conclusión menciona dos de las causas que pudieron haber provocado un cambio relativo de actitud social hacia la mujer:

> Se pueden considerar, con precaución, dos fuerzas que influyen en el cambio de la sociedad: [la primera], modificaciones en la división de las clases sociales, lo cual trae mayor movilidad entre clases [...] la segunda fuerza, relacionada con la primera, sugiere el desarrollo de una vida social en esta nueva clase y su teoría y expectativas [...]" (88) (mi traducción).

Sabemos que *unisex* fue una moda de la nobleza del Renacimiento europeo. Bastantes son los casos de *cross-dressing* que se dieron a finales del XVI y durante la primera mitad del XVII. Para la mujer de clase alta, la educación y la libertad de movimiento estaban más al alcance de la mano gracias a la posición social que ocupaba y al poder económico del que disfrutaba. Para ésta, llevar ropa de hombre no pasaba de ser una simple moda de vestir excéntrica y elitista. Sin embargo, para la mujer de clase media y baja, el travestismo fue, junto al matrimonio, la toma de los votos religiosos, la prostitución u otras actividades criminales, otra alternativa para subsistir como ser independiente.[30] La ropa de hombre no se puede considerar, en estos casos, como indicio de transexualidad, sino como el trampolín necesario para alcanzar cierta arriesgada independencia, estabilidad económica y auto- realización personal.

Como Marjorie Garber explica en *Vested Interests. Cross-dressing and Cultural Anxiety* (1992), la mujer travestí, con su falsa condición de hombre, tuvo la oportunidad de poner en tela de juicio las normas de la sociedad, convirtiéndose en una amenaza para el patriarcado y el orden social. La mujer vestida de hombre es una metáfora de poder, todo un símbolo desestabilizador de una sociedad genéricamente inflexible, que produce lo

---

marriage are Erasmus's *Sancti matrimonii institutiio* (1526), Henricus Cornelius Agrippa von Nettesheim's *De sacramento matrimonii declaratio* (1526) and Juan Luis Vives's *De institutione foeminae Christianae* (1523). The roles of man and woman in matrimony, then, are harmoniously treated by pagan and Christian writers, and by both Catholic and reformed theologians in the Renaissance." (Maclean 17-18)

[30] Lógicamente el travestismo no se puso en práctica con la misma frecuencia que las otras tres.

que Garber denomina "el efecto travestí" ("*transvestite effect*"), pues no sólo se presenta ésta como un fenómeno cultural e histórico, sino también como un fenómeno psico-social (36). La travestí provoca "*a category crisis,*" ya que crea una categoría genérica nueva y advierte con su comportamiento que la convencional clasificación de los géneros está en crisis: "La travestí es en este escenario tanto un elemento seductor como aterrador precisamente porque ella/él encarna el elemento subversivo y es su mismo emblema, indicando que la categoría 'hombre-mujer' está en crisis" (mi traducción) (Garber 32).

Según el estudio del historiador Rudolf Dekker, *The tradition of female trasvestism in Early Modern Europe* (1989), entre 1550 y 1839 se tienen contabilizados en los Países Bajos 119 casos de mujeres que vistieron ropa de hombre. También se encontraron casos en Alemania, Italia y España, siendo en Inglaterra donde se ha registrado una cifra similar a la de los Países Bajos (1). Sin embargo, Dekker está convencido de que esos 119 casos "son sólo la punta del iceber" (3) y que fueron muchos más los casos de travestismo, que no detectaron ni la justicia ni la sociedad y de los que no tenemos información alguna debido a que vivieron sin dejar constancia escrita de su existencia y experiencias.

Tanto en la Edad Media como en el Renacimiento, la ropa era la marca de la identidad genérica, social y profesional del individuo. La atención no se centraba por tanto en las características físicas, sino en el atuendo; de hecho, la fisonomía pasaba totalmente desapercibida a la hora de identificar a la persona. La situación era diferente en culturas no occidentales que identificaban el sexo de las personas fijándose en las características físicas. Era lógico que en estas sociedades resultara fácil desenmascarar a la mujer que se escondía bajo la ropa de hombre (23). Dekker porporciona un claro ejemplo en su estudio, donde recoge la historia de una mujer vestida de marinero quien, después de haber pasado meses a bordo de un barco sin ser descubierta por sus compañeros, fue identificada por los nativos tan pronto como desembarcó en Tahití.

Si para la mayoría de estas mujeres, el travestismo fue un mecanismo de supervivencia que le daba acceso a trabajos que como mujeres no podían practicar, para otras fue lo que hizo posible que se materializara su relación sentimental con otras mujeres. Con respecto a esto último, Dekker ve el travestismo como un paso psicológico que era necesario para poder hacerle la corte a otra mujer; ya que, al contrario de lo que ocurre en nuestra moderna cultura occidental, en el pasado las relaciones homoeróticas eran consideradas una aberración sexual que reflejaba un comportamiento genérico anormal (55). La relación entre género y sexualidad era inherente. Es decir, la única sexualidad posible para la mujer era la heterosexual. Esto explica que la lesbiana sólo pudiera entender su atracción por el mismo sexo considerándose hombre y que resolviera el "problema" de su lesbianismo vistiendo la ropa del otro sexo (57).[31]

La ropa de hombre fue para la mujer un arma de doble filo. Si por una parte le garantizaba cierta realización personal y sexual, por otra, la alineaba y obligaba a un doble exilio: el geográfico, necesario para proteger su falsa identidad, y el genérico, pues no pertenecía ni a un género ni a otro. La travestí, excepto en el caso de la transexual, era mujer, pero vestía y actuaba como hombre.[32]

La postura del Estado y de la Iglesia al respecto era relativamente clara. El Estado tenía el travestismo terminantemente prohibido y en el Deuteronomio 22:5 se lee: "La mujer no llevará vestido de hombre, ni el hombre vestido de mujer, porque el que hace tal cosa merece la reprobación de Yavé." La pena que se le aplicaba a la mujer que se vestía de hombre era relativamente leve si se la compara a la que recibía el hombre que se vestía de mujer; aunque el castigo que recibía la travesti parece endurecerse cuando ésta se implicaba en otros crímenes, tales como la prostitución, el robo, el asesinato y/o el matrimonio con otra mujer, en este caso la condena podía consistir en latigazos, encarcelamiento, destierro, o muerte en la hoguera (Dekker 76-80). Sin embargo, debido a que las relaciones sexuales estaban definidas fálicamente y a que sólo se entendía como acto sexual aquel en el que había penetración con eyaculación *in situ*, resultaba difícil condenar a dos mujeres "abrazadas" y, sobre todo, considerar como sexual dicha relación.[33]

---

[31] Eve Kosofsky Sedgwick, en su trabajo *Epistemología del Armario* (1998), establece una ecuación con los conceptos de 'sexo', 'género' y 'sexualidad' similar a la de Dekker. El sexo cromosomático es, para Sedgwick, "la materia prima relativamente mínima sobre la cual después se basa la construcción social de género." (41)

[32] Expando la idea de Dekker, quien establece la necesidad del auto-exilio (geográfico) de la travestí con el fin de proteger su verdadera identidad.

[33] "Notions concerning sexuality were so phallic-genital oriented that two embracing women were viewed as relatively innocent. [...] When sexual relationships between women were concerned, the courts were very hesitant to

Son varios los documentos que condenan la relación sexual entre mujeres: el más temprano es la carta de San Pablo a los romanos, aunque en este caso hay que señalar que los comentarios se hacen dentro de un contexto pagano:

> Por eso Dios permitió que fueran esclavos de pasiones vergonzosas: sus mujeres cambiaron las relaciones sexuales normales por relaciones contra la naturaleza. Igualmente los hombres, abandonando la relación natural con la mujer, se apasionaron unos a otros, practicando torpezas, varones con varones, recibiendo en sí mismos el castigo merecido por el extravío. (Libro 2, Artículo 26 – 28)

Ya en el siglo V tenemos el *Contra Jovinianam* de San Agustín y en la Edad Media, el documento francés titulado *Li Livres di jostice et de pret* de 1270 y el *Summa Theologica* de Santo Tomás de Aquino. En todos ellos se condena el contacto sexual entre mujeres y se equipara al acto sexual entre hombres. El problema principal radicaba en que la homosexualidad, tanto masculina como femenina, se consideraba un crimen contra la naturaleza por tener como único fin el placer sexual y no la procreación.

Son pocos los casos que en España se han encontrado de mujeres vestidas de hombre, siendo el más conocido el de Catalina de Erauso. No por ello se debe ignorar la preocupación del padre Juan Ferrer, quien desde el púlpito condenó a las mujeres que salían a la calle vestidas de hombre: "Otro daño es también el atrevimiento y desvergüenza que en nuestros tiempos se ha visto en muchas, y es andar algunas mujeres disimuladas en hábito de hombres por las calles y por las casas [...]" (Bravo–Villasante 190), ni la información que ofrece Louis Crompton en su artículo "The Myth of Lesbian Impunity," quien llama la atención sobre el hecho de que los españoles eran los especialistas del Renacimiento europeo en la legislación relacionada con los asuntos lésbicos y que en las *Partidas* preparadas por Gregorio López para la edición de Salamanca de 1555 se establece que la ley se debe aplicar de igual manera a mujeres y a hombres. (18-19)

A pesar de que el menor número de condenas de mujeres travestí o involucradas en relaciones sexuales ilícitas podría indicar que la situación de la mujer era diferente a la del hombre, esto no significa que no se hayan

---

draw the conclusion that sodomy was involved and even more reluctant to prescribe its attendant punishment." (Dekker 78)

encontrado casos en España en los que se castigara a la mujer travestí y a la lesbiana. Así, en *Don Gil de las Calzas Verdes*, Caramanchel advierte a su amo Don Gil (Doña Inés vestida de hombre): "Azotes dan en España / por menos que eso. ¿Quién vio / un hembri-macho, que afrenta / a su linaje?" (Acto III, Escena IX). Crompton proporciona un ejemplo en el que se demuestra que la situación de la mujer lesbiana durante la Edad Media y el Renacimiento era tan peligrosa y trágica como la del hombre: "En el siglo XVI, Antonio Gómez nos habla de dos monjas españolas que murieron en la hoguera por usar 'instrumentos'" (mi traducción) (17).

Aunque, como explica Dekker, a pesar de que la condena que la travestí y la lesbiana debían recibir estaba explicada al detalle en documentos judiciales y teológicos, parece ser que culturalmente se subestimaba el comportamiento tanto genérico como sexual de estas mujeres, lo cual explicaría que la persecución que éstas sufrieron fuese diferente a la del hombre travestí u homosexual. La Monja Alférez fue uno de los casos que, como veremos a continuación, escapó del castigo corporal y de la pena capital.[34]

Travestismo, Lesbianismo e Identidad transgenérica de Catalina de Erauso

Como dije anteriormente, considero necesario hablar de la vida de Catalina de Erauso y, en concreto, de su sexualidad para poder entender el personaje de Guzmán.

Catalina demostró que la estructura social tenía una grieta por la cual ella pudo y supo colarse para adquirir un poder económico y social inaccesible a las mujeres de su época. Nuestra protagonista rompió con la dicotomía genérica del sistema y demostró que la naturaleza—artificialmente construída por el hombre—no encajaba con su naturaleza de mujer independiente, aventurera y guerrera. Fácilmente se le puede aplicar a Catalina el término de "multiplicidad genérica" que Judith Butler propone en *Gender Trouble* (1990), ya que demostró que tuvo la capacidad de adaptarse genéricamente a las circunstancias que le presentó la vida.[35] La

---

[34] Ver el artículo de Ursula Heise, "Travestismo and the Stage Controversy in Spain and England, 1580-1680", para más información sobre la posición de España con respecto a los sodomitas.

[35] "In the place of univocity, we fail to discover multiplicity." (Butler 1990: 99)

investigadora americana explica el concepto de "género" ligándolo al concepto de *performance*. Es decir, para ella "género" no se limita a la definición y a los roles que el hombre ha establecido de los sexos, sino que también se ha construido, y se construye, a través de la repetición mecánica del comportamiento, del deseo y del discurso que culturalmente se le han impuesto al hombre y a la mujer.[36]

Para dejar constancia de la multiplicidad genérica de Catalina de Erauso, creo imprescindible dividir su vida en varias etapas: En la primera, tenemos a la niña de cuatro años que sus padres llevaron al convento de las monjas dominicas y de donde se escapó a la edad de quince años. La segunda etapa abarca todos los años que vivió como travestí, desde 1600 hasta 1620.[37] Es decir, desde el momento en que la joven Catalina se confecciona ropa de hombre hasta el día de su arresto y confesión de su verdadera identidad. El paso de una identidad a otra fue fortuito. Según la *Historia,* tuvo tres días para tomar la decisión de que la única alternativa que tenía para que su escapada tuviera éxito era vestir y actuar como hombre.[38] Después de vivir tres años en España bajo el falso nombre de Francisco de Loyola, Catalina decidió embarcarse como grumete hacia Las Indias, no sin antes pasar por la última prueba de fuego: visitar el convento donde creció y donde su madre escuchaba misa.[39] Imagino que el observar

---

[36] "That gender reality is created through sustained performances means that the very notions of an essential sex and true or abiding masculinity or femininity are also constituted as part of the strategy that conceals gender's performative character and the performative possibilities for proliferating gender configurations outside the restricting frames of masculinist domination and compulsory heterosexuality." (Butler 1990: 141)

[37] Estas fechas variarían si se tomara el año de 1592 como fecha de nacimiento.

[38] "Tomé las llaves del convento y salí, y fuí abriendo puertas y emparejándolas, y en la última que fue la de la calle, dejé mi escapulario y me salí á la calle sin haberla visto ni saber por dónde echar, ni á dónde ir: tiré no sé por dónde, y fuí a dar a un castañar [...] y acogíme allí, y estuve tres días trazando y acomodándome y cortando de vestir. Corté e híceme de una basquiña de paño azul con que me hallaba, unos calzones: de un faldellín verde de perpetúan que traía debajo, una ropilla y polainas: el hábito me lo dejé por allí, por no ver que hacer con él [...]." (*Historia* 5)

[39] "Y un día oí misa en mi convento, la cual oyó también mi madre, y vide que me miraba y no me conoció, y acabada la misa las monjas me llamaron al coro, y yo no dándome por entendido, les hice muchas cortesías y me fuí. Era esto entrado ya el año de 1603." (*Historia* 9)

que ni su madre ni sus antiguas compañeras pudieron reconocerla le dio la suficiente confianza para iniciar una nueva vida en un mundo totalmente desconocido para ella. No podemos ignorar que durante todos estos años de travestí tanto en España como en las Indias, donde se la conoció bajo el nombre de Alférez Alonso Díaz de Guzmán, se observa en ella cierta tendencia hacia la transexualidad: según aparece en las memorias, Catalina se cortó el pelo e intentó aplanarse el pecho con un emplaste que le facilitó una mujer india.[40] La tercera etapa comprende desde 1620 a 1624. Durante estos cuatro años, insiste en demostrar su condición de mujer virgen. Catalina volvió a la vida conventual en espera de la documentación necesaria que verificara que era novicia. En la cuarta y última etapa, la cual abarca desde 1624, año que regresó a España, hasta el último día de su vida, reanudó su vida de travesti y se podría decir que inició la de transgénero. Catalina abandonó su nombre de mujer para oficialmente llamarse Antonio de Erauso, siendo con este nombre como consta en el testamento de su madre.[41]

A pesar de los problemas que conlleva definir sexual y genéricamente a nuestro personaje, creo que culturalmente es indispensable reconocer la subjetividad de una mujer que prefirió el nombre de Antonio al de Catalina; así como también es importante dejar constancia de cómo la sociedad del XVII resolvió el dilema de su identidad genérica. El hecho de que se la aceptara como hombre, sin que ello creara mayor polémica, no significa que ésta fuera una cultura genéricamente flexible, sino que, según la definición de hombre y mujer, ésta fue la única forma de entender un fenómeno como el suyo. En ella tenemos a la mujer que utilizó el género masculino para referirse a sí misma y que oficialmente cambió de identidad genérica tan pronto como el Papa Urbano VIII le dio permiso para continuar vistiendo ropa del sexo opuesto y, por consiguiente, vivir como hombre.

Durante su larga vida de travestí se ve en Catalina una tendencia sexual que hoy, sin duda alguna, denominaríamos lésbica. Sin embargo, este concepto tendríamos que cogerlo con pinzas cuando lo aplicamos a un momento histórico en el que no existía dicho término. Como hemos visto,

---

[40] "Desde el momento en que huye del convento, Catalina se esfuerza en hacerse pasar por hombre. Se corta el cabello, viste con hábitos de varón [...] se alisa el pecho." (Castresana 81)

[41] José Berruezo, ed., *Historia de la Monja Alférez, Doña Catalina de Erauso, escrita por ella misma* (Pamplona: Editorial Gómez, 1959), 21

esto no significa que no se supiera de las relaciones románticas entre mujeres, otra prueba de ello la tenemos en el cuento de María de Zayas *¿Quién ha visto que una dama se enamore de otra?* (1647). No cabe la menor duda de que nuestra protagonista se arriesgó para sacar beneficio de lo que fácilmente podría haberle costado la vida. Varios son los ejemplos en los que la misma Catalina hace referencia a su gusto por las mujeres. Uno de ellos es el incidente que tuvo lugar durante los nueve meses que trabajó para el mercader Diego de Lasarte:

> Me dijo que buscase mi vida en otra parte; y fue la causa que tenía en su casa dos doncellas hermanas de su muger, con las cuales y sobre todo con una que más se me inclinó, solía yo jugar y triscar: y un día estando en el estrado peinándome acostado en sus faldas, y andándole en las piernas, llegó acaso á una reja por donde nos vio y oyó á ella que me decía que fuese a Potosí y buscase dineros, y nos casaríamos. Retirose, y de allí á un poco me llamó, y me pidió y tomó cuentas, y despidiome, y fuime. (*Historia* 24–5)

En Saña tuvo una experiencia parecida con la dama de otro de sus amos, Juan de Urquiza:

> Es de saber que esta Doña Beatriz de Cárdenas era dama de mi amo, y él miraba a tenernos seguros, á mí para servicio, y á ella para gusto, y parece que eso tratado entre los dos lo acordaron [...] porque salía de noche, iba á casa de aquella señora, y ella me acariciaba mucho [...]. (*Historia* 18-9)

En la Concepción de Chile Catalina estuvo al servicio de su hermano, Miguel de Erauso, quien, según se narra en las memorias, le cogió aprecio por ser de San Sebastián. Catalina, como en previas ocasiones, no deja de flirtear con mujeres y en este caso, muestra interés por la dama de su hermano:

> Quedé yo con mi hermano por su soldado [...] Fui con él algunas veces á casa de una dama que allí tenía, y de ahí algunas otras veces me fui sin él: él alcanzó a saberlo, y concibió mal, y díjome que allí no entrase: acechóme, y cogióme otra vez: esperóme, y al salir me embistió á

cintarazos [...]. (*Historia* 28-9)

Y por último, nos narra las dos propuestas matrimoniales que tuvo en Tucumán. La primera tuvo lugar al final de su viaje de la Concepción a Tucumán. Catalina, casi pierde la vida al cruzar la cordillera de los Andes debido al agotamiento, al hambre y al frío si no hubiera sido por la generosidad de una mestiza (hija de padre español y de madre india) que la cuidó, vistió y hospedó hasta que se repuso del cansancio físico. Durante su estancia con la mestiza, ésta le propuso que se casara con su hija, la cual, según Catalina, "era muy negra y fea como un diablo, muy contraria á mi gusto, que fue siempre de buenas caras" (*Historia* 42). La segunda tiene lugar en la misma ciudad de Tucumán, donde la mestiza, su hija y Catalina se habían desplazado para celebrar la boda. Según se narra en la *Historia*, en dicha ciudad don Antonio de Cervantes (canónigo de la iglesia de Tucumán y provisor del obispo) conoció a Catalina y la "convidó varias veces á comer" (*Historia* 43). El objetivo de éste era el de arreglar el matrimonio de Catalina con su sobrina. En esta ocasión, Catalina no pone objeción alguna al aspecto físico de la moza, quien, sin duda alguna, sería blanca debido al hecho de que su tío era español y a la ausencia de referencias raciales por parte de Catalina. Obviamente, el final no puede ser otro que el de la huida de nuestra protagonista con la dote que había recibido de ambas propuestas matrimoniales y sin importarle el destino de dichas damas: "monté el cabo, y me desaparecí: y no he sabido como se hubieron después la negra, y la provisora" (*Historia* 44).

Quizás el que culturalmente se subestimara el contacto sexual entre dos mujeres, el que Catalina se limitara a narrar unas aventuras que no pasaban del simple coqueteo y tocamiento y el que ella misma insistiera en su virginidad fueran las razones que hicieron que no tuviera ningún reparo a la hora de narrar sus aventuras amorosas para, de esta forma, demostrar su masculinidad. Aquí tendría cabida la distinción que Velasco hace entre el "travestismo perverso" ("*evil transvestism*") y el "travestismo sagrado" (*holy transvestism*"), estando el primero ligado al cambio de ropa como mero espectáculo heterosexual y el segundo a la idea de la virginidad, ya que "se empleaba para preservar la castidad", lo cual Catalina había dejado demostrado "con su éxito a la hora de mantener su virginidad" (37) (mi traducción).

Como explican Dekker y Sedgwick, la mujer no podía tener otra tendencia sexual que no fuera la heterosexual en una sociedad culturalmente heterosexista y en la que la sexualidad de la mujer se había construido en relación a la del hombre. Sería lógico pensar que Catalina viera en la ropa del hombre la vía más fácil para tener relaciones con mujeres y/o que sólo pudiera entender su atracción por el mismo sexo pensándose hombre y, por consiguiente, adoptando un *rol* genérico que fuera congruente con su sexualidad.[42] Esta misma idea explica la tendencia de algunos críticos a simplificar el comportamiento sexual de Catalina a una conducta meramente imitativa o, en otras palabras, fue su interés personal en copiar al sexo opuesto lo que la llevó al lesbianismo.

Si continuamos analizando la identidad genérica de Catalina bajo términos modernos, también cabría la posibilidad de ubicarla bajo la categoría de transgénero, como anteriormente se ha establecido, o sea, la mujer que se siente hombre y, en su caso, hombre heterosexual. Aún así y a pesar de que es evidente su tendencia a identificarse con el género masculino, no podemos ignorar el último amor que se le conoce. En la "Tercera Relación" se nos narra la genuina atracción y enamoramiento de Catalina/Antonio por una dama que quería entrar en la vida conventual y por quien estuvo dispuesta a sacrificarlo todo: parte de la pensión que recibía de la Corona, la condición de hombre por la que tanto había luchado y su libertad. Este último episodio de su vida vuelve a corroborar la multiplicidad genérica establecida por Butler y a la que me he referido previamente. Catalina es capaz de cambiar de *rol* genérico para adaptarse a las distintas circunstancias que le presenta la vida, ya sea para enrolarse de grumete, ser soldado, coquetear con mujeres, volver a su vida de monja o, como en este último caso, amar como mujer a otra mujer.[43]

---

[42] "Una objeción a esta analogía podría ser que el género está integrado conceptualmente en las determinaciones de sexualidad de un modo en que ninguno de ellos está, por ej. en las determinaciones de clase y raza. Es efectivamente cierto que sin un concepto de género sencillamente no podría existir ningún concepto de homo o heterosexualidad." (Sedgwick 45)

[43] En la "Ultima y tercera relación, en que se hace verdadera del resto de la vida de la monja alférez, sus memorables virtudes, y exemplar muerte en estos Reynos de la Nueva España" se nos habla del último amor de su vida que le conocemos. Según esta relación, unos años después de su regreso de España y estando Catalina en Jalapa del Valle, se enamoró de una dama que el Alcalde mayor de dicha ciudad puso a su cargo para que la acompañara a México donde, en teoría, iba a entrar de religiosa si no hubiera sido por un caballero que le pidió la mano. La reacción de nuestra Catalina ante este cambio de planes es más que

No es tarea fácil definir la sexualidad de Catalina de Erauso en una cultura occidental que siempre ha necesitado encasillar para auto-determinarse, definir al *otro* e imponer una estructura social y una cultura que margina y castiga a quien no se adapta a lo que se ha establecido como natural y norma. Como señala Butler en su artículo, "Imitation and Gender Insubordination" (1993), aunque políticamente es importante definir al ser humano, cuando se insiste en encasillarlo, se corre el riesgo de empobrecer su identidad, ya que se le ubica dentro de un determinado grupo social y se le obliga al comportamiento que se identifica con cada grupo.[44]

Varios pudieron ser los motivos por los que la justicia española decidió perdonarle a Catalina todos sus crímenes: evidentemente, la sociedad española estaba familiarizada con la mujer travestí a través de la larga tradición de la *mujer varonil* en el Teatro español—Catalina fue para ellos un ejemplo más de este tipo de mujer, el rango de alférez, el cual recibió en reconocimiento a su exitosa carrera militar, su privilegiada posición social—hija de nobles españoles—y su virginidad, que la ubicó en una situación de superioridad moral, jugaron indudablemente un papel fundamental en la decisión de perdonarle la vida.

Travestismo en el Teatro Español del Siglo de Oro y en *La Monja Alférez*

Son muchos los textos en los que aparece el personaje de la mujer vestida de hombre en la literatura española del Siglo de Oro. Como Carmen Bravo-Villasante expone en su trabajo sobre este tema encontramos a la primera *mujer varonil* en la Antigüedad Clásica con las *amazonas*, en concreto, en el

---

admirable: "Peregrina, y zelosa llegó a tanto estremo, que le ofreció a la dama, porque entrase Religiosa dotarla, y demás de la dote ponerle tres mil pesos a renta, y darle la mitad de lo que cobraua de la Real caxa, y ella bolverse de nuevo a entrar en el Convento con ella: pero a su despecho, se desposó la dama, y a nuestra peregrina del zeloso disgusto, le dió vna grave enfermedad, sanó [...] se entró un día a verla [...] continuó muchos días en visitarlos [...] obligó a su esposo a dezirle que no le entrase en su casa, éste fue trance que la puso en peligro de perder el juizio [...]." (Vallbona 170–5)

[44] "I am permanently troubled by identity categories, consider them to be invariable stumbling-blocks [...] To install myself within the terms of an identity category would turn against the sexuality that the category purports to describe; and this might be true for any identity category which seeks to control the very eroticism that it claims to describe and authorize, much less 'liberate.'" (Butler 1993: 308)

canto XI de la *Eneida* de Virgilio, para continuar en la Edad Media con los libros de caballería, tales como *El Amadís de Gaula* (anónimo del siglo XIII ó XIV) y *Orlando Innamorato* (1487) de Boiardo. En el Renacimiento italiano los trabajos más influyentes fueron *La Calandria* (1513) de Dovizio Bibbiena, *Orlando Furioso* de Ariosto (1516), *Gli Ingannati* (1537) de autor desconocido, *Gl'Ingannati* de Bandello (1554) y en 1575 *Gerusalemme Liberata* de Tasso. En España Montemayor con *Los siete libros de la Diana* (1559) y Rueda con *Los Engañados* (1567) fueron los grandes imitadores de los modelos italianos. Casi un siglo después Lope de Vega fue quien popularizó a la *mujer varonil* y a él le siguieron los Hermanos Figueroa, Cubillo de Aragón, Tirso de Molina, Calderón, Zamora y Fray Martín de Córdoba (33–59).[45]

Los motivos que se presentaban en las obras de teatro eran similares a los de la realidad: el viaje, la aventura, la guerra, la educación, la independencia económica, la venganza, el amor tanto heterosexual como homosexual y el rechazo del género femenino. Resulta difícil imaginar cuál fue la influencia que estas piezas de teatro tuvieron entre el público femenino, pero lo que no podemos ignorar es el hecho de que la Comedia les abrió todo un abanico de posibilidades de realización y de que las tablas se convirtieron en un espacio donde se materializaban sus fantasías. Sería un error concluir de forma tajante que la mujer vestida de hombre fue exclusivamente un personaje literario que el teatro español del XVII puso de moda o vice-versa, es decir, todo un fenómeno sociológico que se vio representado en las tablas. La Comedia llevó a la escena un personaje que resultaba atractivo y funcional por las posibilidades escénicas que la *mujer varonil* ofrecía y por tratarse de un fenómeno que gustaba en los estamentos más altos de la sociedad europea y que algunas mujeres de clase baja habían empezado tímidamente a poner en práctica como otro medio de supervivencia.

El Teatro español representó e hizo popular una realidad sociológica que estaba teniendo lugar en el Norte de Europa y, especialmente, en las calles londinenses. En el caso de la *mujer guerrera* (variante de la *mujer varonil*), la comedia española se inspiró tanto en fuentes literarias como en casos de la vida real, tales como Juana de Arco en Francia, María de Estrada, quien en

---

[45] En el *Arte Nuevo de Hacer Comedia*, Lope explica la función de la "mujer varonil" en la Comedia: "Las damas no desdigan su nombre: / Y si mudaren de traje, se de modo / Que pueda perdonarse porque suele / El disfraz varonil agradar mucho." (*Arte Nuevo de Hacer Comedia* 23)

México "hizo maravillas con la espada y rodela [...] y en la batalla de Otumba peleó a caballo" (Mckendrick 42), Doña Isabel Barreto quien capitaneó un barco de España a las Filipinas (Mckendrick 43), la popular Reina Cristina de Suecia y muchas otras que con la inteligencia o con sus actos demostraron cualidades consideradas varoniles con o sin ropa de hombre.

Las artistas, por su parte, se convirtieron en las grandes travestís del momento o, como McKendrick dice "para las mujeres aficionadas al teatro *la mujer varonil* proporcionaba el placer de la libertad y la aventura" (320-21) (mi traducción). Éstas fueron idolatradas por un público español entusiasmado con este tipo de mujer, no sólo por lo mucho que pudieran seducir en mallas, sino por lo que la figura en sí significaba: todo un símbolo de independencia femenina y *varonilidad* que fascinaba por lo subversivo y por el reto que suponía para el hombre. De hecho, fue el personaje que los dramaturgos españoles más utilizaron para poner en tela de juicio la artificialidad de la ropa y de los roles genéricos. El mismo Don Gil en *Don Gil de las calzas verdes* de Tirso de Molina nos lo recuerda: "Ya soy hombre, ya mujer, / ya Don Gil, ya Doña Elvira. / Mas si amo, ¿qué no seré?" (Acto II, Escena V). Todo esto explica que el pueblo con su admiración las protegiera de cualquier ataque que viniera tanto de los púlpitos eclesiásticos como de la Corona.[46] De hecho, nunca se eliminó por completo a la *mujer varonil* de la escena española, siendo el número de piezas teatrales en las que aparece este personaje muy superior al resto del teatro europeo, donde su representación es mínima en comparación con las nuestras.[47]

---

[46] Varias fueron las ordenanzas por parte de las autoridades de cerrar los teatros españoles debido a la controversia de la mujer vestida de hombre. Este bando apareció en los edictos de 1608, 1615, 1641, 1672, y 1675. (Heise 359)

[47] En Inglaterra, donde tenemos el fenómeno del travestismo a la inversa —el hombre vestido de mujer, la mujer vestida de hombre presentaba serios problemas: por un lado, era considerada una mujer sexualmente activa, o sea, una prostituta y, por otro, violaba el orden jerárquico de la naturaleza y de la sociedad al usurpar la ropa del sexo perfecto, o sea, la del hombre: "If women were not invariably depicted as anatomically different from men in an essential way, they could still be seen as different merely by virtue of their lack of masculine perfection [...] and their subordination could be justified on those grounds. [...] gender relations, however eroticized, were relation of power, produced and held in place through enormous cultural labor in the interest of the dominant gender. In the early modern period the regulation of dress was part of this apparatus for producing and marking gender difference, though cultural shifts were occurring." (Howard 423)

La Monja Alférez es producto de esta tradición del teatro español, aunque no por ello Montalbán (al igual que sus contemporáneos) deja de presentar unos personajes (excepto el de Guzmán) y unas instituciones que hacen de esta comedia un microcosmo ficticio de la sociedad española del XVII. Así, en *La Monja Alférez* se presenta la relación de poder entre hombre y mujer y entre los distintos grupos sociales e instituciones, tales como: 1. La Iglesia, Institución que arresta a Guzmán, según él, por vestir ropa de hombre, pero que al saber de sus hazañas lo deja en libertad y le permite mantener su estilo de vida.[48] 2. La monarquía, a la que Guzmán recurre para que se reconozca su valor y se haga oficial su condición de hombre y, así, poder vivir conforme a lo que ella/él ha construido de sí mismo y terminar con el hostigamiento que sufre por parte del sistema judicial y de la sociedad.[49] 3. Las instituciones del matrimonio y la familia, las cuales en esta comedia se imponen para hacerle justicia a Doña Ana, restablecerla en el orden social y acabar con la creación de un nuevo núcleo familiar.

En *La Monja Alférez* también están presentes y se parodian las características del "Arte de amar" tan explotadas por los dramaturgos de la época como, por ejemplo, el retrato, la carta, los presentes que se intercambian los personajes, los encuentros nocturnos de los amantes y los continuos duelos en defensa del honor. Tampoco faltan los personajes clásicos de la Comedia: el héroe, los amantes, la nobleza, los criados y la figura del "gracioso," materialista, pragmático y el único consciente del peligro que corre su amo al pretender continuar con su "locura." Igualmente, aparecen los motivos que ayudan a plasmar la crisis social y cultural del Renacimiento: el *mundo al revés* con el personaje de la *mujer varonil*, quien necesita restaurar el honor

---

[48] Guzmán: "[¿Q]ué desacato / se hace a su autoridad; / si ya por ella el Vicario / de Madrid me tuvo presa, / y por haberse informado / de mis hazañas, me dio / por libre?" (*MA*, Jornada III, Escena III)

[49] Guzmán: "Si podréis / para Flandes negociar / una ventaja, me holgara, / que su Majestad premiara / mis hechos con emplear / en sus servicios estas manos, […] Pero si al fin conquistar / no podéis merced ninguna, / pretended al menos una, / que es muy fácil de alcanzar […]

Sebastián: ¿Cuál es?

Guzmán: Que me confiera / andar siempre de varón, / que con esta permisión / quedo pagada, y contenta.

Sebastián: Pues sin tenella te pones / en su traje, ¿qué te inquieta?

Guzmán: No quiero vivir sujeta / a enfados, y vejaciones." (*MA*, Jornada III, Escena VI)

de su amada porque el hombre es incapaz de hacerlo,[50] y el *mundo como teatro*, siendo la vida de Guzmán representación en el sentido metafórico y literal de la palabra.[51]

Como en otras obras de este período, el hecho de que sólo se pudiera entender la relación entre dos mujeres a través del engaño y de la confusión de identidades que el cambio de ropa produce en el *otro*, confirma la heterosexualidad de una sociedad y de una cultura que no podía aceptar otro tipo de relación sexual que no fuera falocéntrica. Con esto se corrobora lo que Marjorie Garber señala en *Vested Interests, Cross-dressing and Cultural Anxiety* (1992): "la ropa [es] lo que hace al hombre" (14). Según esta afirmación, si la ropa funciona como significante del sexo biológico—y del género—de la persona, el travestismo de Guzmán es uno de los factores que hace factible que se lleve a la escena el amor entre dos cuerpos biológicamente femeninos, sin que ello cause demasiada ansiedad en el público. La relación amorosa entre Guzmán y Doña Ana era, entonces, la esperada por todos los allí presentes debido a que la travestí es el personaje femenino agresivo que usurpa no sólo el *rol*, sino el sexo del hombre; aunque, como señala Velasco, el que el travestismo y las aventuras homoeróticas de la Erauso histórica fueran de conocimiento público le facilitaron a Montalbán la idea de llevar a la escena el conflicto de dos mujeres enamoradas (2000, 67). En su estudio sobre el deseo de la mujer lesbiana en la Inglaterra de los siglos XVI - XVII, Valery Straub insiste en este mismo punto: la mujer travestí cuando se apropia de la ropa del hombre, se adueña tanto del *rol* genérico como del cuerpo o, en otras palabras, del falo.[52]

DON DIEGO.   ¿[H]e de creer,
                que amáis siendo mujer,

---

[50] "[S]he takes upon herself the male prerogative of action because she inhabits a *mundo al revés*, and those who should protect her have abdicated their authority." (Taddeo 113)

[51] Expando la idea de Taddeo sobre las características de *La Monja Alférez*.

[52] "[M]ale clothes worked as external projections, theatrical equivalents, of the cultural fantasy of the enlarged clitoris. Theatrical transvestism, in short, was also prosthetic; the donning of masculine dress enacts the logic of the supplement through the displacement of the body to the clothes [...] Such a displaced equivalence gives a more situated, more *embodied* meaning to many critics' current understanding of female transvestism as a strategic appropriation of the phallus." (Traub 69-70)

| | a otra mujer? no queráis
| | acreditar imposibles [...]
GUZMÁN. | [V]enirme a Lima, Don Diego,
| | a donde Doña Ana bella,
| | *juzgándome por varón* (énfasis mío)
| | amor y afición me muestra.
| | Gocé un año sus favores, [...]
| | (*MA*, Jornada II, Escena VII)

Creo que de esta misma forma se deben entender los comentarios que hacen un soldado (en la Jornada I) y Machín (en la Jornada II) con respecto a la fisonomía de Guzmán, en concreto me refiero a la falta de barba. Si el personaje de Catalina, cuando se viste de hombre, se apropia de la identidad masculina y, por consiguiente, del cuerpo del hombre, el motivo de la barba tiene que estar presente y funcionar como símbolo de varón y de valentía.[53] El que Montalbán creara un varón-sin barba-valiente es otro de los elementos subversivos del héroe: Guzmán es el valiente imberbe. Las palabras del soldado que presencia el enfrentamiento entre Guzmán y el nuevo Cid ilustran el concepto que se tenía de éste "hombre" sin barba: "que es el lampiño, hombre de pelo en pecho" (*MA*, Jornada I, Escena VII). Más adelante, se vuelve a hacer referencia a la carencia de barba del héroe. Esta es la reacción de Machín cuando Guzmán regresa a Lima después de haber estado tres años sin saber nada de él:

MACHÍN. | [¿P]asan los días por ti?
| | con un palmo de bigote
| | te imaginaba, ¿y te vienes
| | tras la ausencia de tres años
| | calvo de barba?
| | ¿qué baños, qué ungüentos, qué drogas tienes
| | para no barbar? [...].
| | (*MA*, Jornada II, escena III)

El problema que presenta Don Diego en la escena en la que se establece el amor entre Doña Ana y Guzmán no se puede ignorar: Por una parte, el

---

[53] Ver la importancia de la barba en el Cid.

hecho de que Don Diego articule la posibilidad de amor entre dos mujeres demuestra que todos eran conscientes de otra forma de amor. Tanto Taddeo como Perry resaltan la importancia de la pregunta realizada por el amigo de Guzmán. Si para la primera se trata de una pregunta que en la comedia queda sin respuesta, para la segunda lo admirable de Montalbán es que no reduce el personaje de Guzmán al de la lesbiana, mujer carente de falo, que pretende ser hombre. Por otra, con su respuesta, Guzmán deja claro que Doña Ana se enamoró de él porque lo consideraba hombre y, a la vez, nos transmite la paranoia de la sociedad española con todo aquello relacionado con las relaciones sexuales entre personas del mismo sexo.[54] Esta explicación era la única alternativa de Guzmán en una cultura tan adversa a cualquier comportamiento sexual que no fuera el impuesto por la norma. Aunque, paradójicamente, será ese amor lo que posteriormente permita que Guzmán con su confesión salve el honor de Doña Ana ya que "disipa toda sospecha relacionada con la castidad de Doña Ana y elimina cualquier objeción con motivo de su promiscuidad sexual" (Velasco, 65) (mi traducción):

> GUZMÁN. Ahora, puesto, doña Ana,
> que es público, y hago menos,
> y que satisface ya
> mi enojo, […]
> mejor lo confesaré
> *para dar a tu honor remedio,* […]
> *restituir lo que debo*
> *a doña Ana, declarando,*
> *que sólo cupo en su pecho*
> *mi amor* […]
> (*énfasis mío*) (*MA*, Jornada III, Escena IX)

Guzmán con su sacrificio heroico se manifiesta afirmativamente, una mujer sí puede amar a otra y, además, es un amor que lejos de ser denigrante es noble. Con sus palabras, el héroe asegura la pureza de sus deseos y deja abierta la posibilidad de un amor lésbico. Ante este final de *La Monja*

---

[54] Esta idea ya la establece Perry, para quien "la Monja Alferez presenta una ambigüedad que desafía la fácil clasificación y eleva la ansiedad social y sexual." (239) (mi traducción)

Alférez, Sherri Velasco concluye: "Este fascinante discurso no sólo premia a Guzmán con el *status* de héroe [...] sino que también reitera el tema de un amor homoerótico" (mi traducción) (2000, 66). A diferencia del personaje histórico, el héroe de Montalbán evita toda relación sexual con su amada como si estar con ella le exigiese que llevara a cabo la cópula (como piensa su criado). Para Velasco el deseo no fálico y, por consiguiente, no amenazante de Guzman es lo que hace que este amor homoerótico sea factible (2000, 67). La huida de Guzmán en la Jornada I llegado el momento de verse a solas con su amada es sumamente significativa.[55] Montalbán lo hace por dos razones: para proteger la identidad del héroe y para señalar que éste es un amor puro y platónico, a diferencia del de Don Diego, violador y antihéroe. Y en realidad así es, porque al final Guzmán hace el sacrificio supremo por amor: sacrifica su identidad.

Si el travestismo de Guzmán es toda una estrategia a nivel personal, también lo es a nivel profesional. Como propone Taddeo "su disfraz es *flamboyant,* y aun así ella no lo utiliza ni para crear ambigüedad, ni para llamar la atención. El disfraz de hombre en su caso no es una apropiación temporal sino un paso profesional" (118) (mi traducción), lo cual queda corroborado con la insistencia del Vizconde de Zolina en que Guzmán se vista de mujer. El Vizconde es consciente de que para el héroe la ropa de hombre va más allá del mero "disfraz," ya que le ha dado la oportunidad no sólo de amar a otra mujer si no de cambiar de identidad genérica, acceder a una carrera militar y a una posición social que eran inaccesibles para la mujer de su época. No resulta extraño, por tanto, que Montalbán dedique las jornadas II y III al conflicto de la identidad genérica del protagonista y al *ultimatum* que las autoridades españolas le dan para que vista de mujer y salve la vida.

El desarrollo de las dos últimas jornadas refleja la amenaza social que nuestro héroe presenta. La obstinación de Guzmán en llevar atuendo masculino no sólo reta al hombre profesionalmente sino que plantea la artificialidad de la construcción genérica de los sexos y la fragilidad de una norma del vestir que sólo tiene el objetivo de codificar los sexos. Don Sebastián de Illumbre, individuo del siglo XVII, sabe que la apariencia

---

[55] "Guzmán. El secreto, y recato / es la primer condición, / que ha puesto a mi pretensión; / pues en este breve rato, / que tarda en abrir, diré / que vino gente a la calle, / y que yo por no ariesgalle / la opinión, me retiré; [...]" (*MA*, Jornada I, Escena XII)

define al ser humano y forma parte de esa inherente relación entre el *ser* y el *parecer*, o sea, entre la ropa y el sexo biológico de la persona y sabe que dicha fórmula se rompe cuando se aplica a Guzmán, para quien no existe correspondencia entre su exterior y la realidad del sexo femenino que se oculta bajo la ropa masculina:

SEBASTIÁN.   Sí, cuando ha dado
   tanta materia a la fama,
   con hechos tan señalados,
   que ellos, no el disfraz, le mueven
   a querer veros, y hablaros. [...]
   (*MA*, Jornada III, Escena III)

Una vez conocida la verdadera identidad de Guzmán, su travestismo molesta a los que lo rodean, de ahí que Sebastián de Illumbre insista en que son sus "hechos tan señalados" la razón por la que el Vizconde quiere conocer*la* y no el "disfraz" de hombre. No obstante, para Guzmán es lo opuesto. Vestirse de mujer es, como él mismo expresa, disfrazarse de lo que no es al ser: "su *parecer* [...] su verdadero *ser*, aunque no es 'natural' es su naturaleza" (Taddeo 118). La violenta reacción de Guzmán cuando Sebastián de Illumbre le explica que el Vizconde de Zolina se niega a recibir*la* a no ser que se ponga ropa de mujer demuestra que Montalbán supo captar la vergüenza y la humillación del héroe cuando se ve forzado a cambiar de atuendo. El dramaturgo madrileño entendió que el individuo que se identifica con el otro sexo, lo que la sexología contemporánea denomina bajo el término de transgénero, se viste y no se disfraza de acuerdo al sexo con el que se identifica.[56] Montalbán presenta una figura dramática que durante las tres jornadas protege celosamente su identidad hasta el final de la comedia, identidad que, como Perry indica, nuestra *mujer varonil* se ha ido construyendo a lo largo de su vida (246).

GUZMÁN: ¿Pues yo que dejo quitarme
   la vida por no decir
   que soy mujer, ni traer

---

[56] Obviamente, el que el público conociera la vida de Catalina de Erauso y supiera que dejó España vestida de hombre facilitaron la labor de Montalbán a la hora de decidir el final de su comedia.

faldas, había de querer
llevarlas para morir? [...]
(*MA*, Jornada II, Escena XIV)

De la misma forma que el travestismo es la herramienta a la que el héroe recurre para hacerse a sí mismo, el discurso y el *performance* (comportamiento) son, igualmente, imprescindibles para que la persona que él ha creado a través de los años adquiera su triple dimensión. Guzmán es consciente de que estos tres elementos son inherentes a su "naturaleza" masculina:

GUZMÁN: *[M]as ¿cómo*
te podrá decir mi lengua,
que nací mujer? perdone
mi valor tan grave ofensa. [...]
(*Énfasis mío*) (*MA*, Jornada II, Escena VII)

Judith Butler en su artículo, "Imitation and Gender Insubordination," concibe el cuerpo como una materia marcada por unos símbolos lingüísticos que se han construido con anterioridad a la existencia del cuerpo y que nos definen genéricamente (Butler, 1993: 5). Guzmán necesita adoptar el código lingüístico del hombre porque para él mantener el discurso sumiso de la mujer habría significado aceptar la posición social, los valores y el comportamiento genérico que pertenecen a su sexo biológico. Como él mismo explica ya a temprana edad su comportamiento no era el esperado de una mujer sino el de un hombre, pues así quiso la naturaleza que fuera:

GUZMÁN: *En la edad*, pues, si se escucha,
que es cuando la lengua apenas
dicciones distintas forma, (énfasis mío)
juzgaba naturaleza
violenta en mí, pues desnuda
de la mujeril flaqueza [...].
La labor que es ejercicio
de la más noble doncella,
la trocaba por espada, [...]
(*MA*, Jornada II, Escena VII)

Taddeo con acierto afirma que "es el discurso lo que define al personaje" (116).[57] Tiene sentido, por tanto, que Guzmán use constantemente el género masculino para referirse a sí mismo, tanto en situación de monólogo como en su interacción con otros personajes. Sólo al final de la comedia, cuando decide admitir su condición de mujer para salvar a Doña Ana, Guzmán opta por utilizar el género femenino para referirse a sí mismo.

Adoptar el discurso de la mujer habría sido incongruente con la ropa de hombre y con las acciones llevadas a cabo por el héroe. Si así lo hubiera hecho, Guzmán se habría convertido en la convencional *mujer varonil* del Teatro español que, al final de cada comedia, abandona la ropa de hombre, entra en el convento, se casa o es ejecutada. Muchos son los ejemplos entre ellos, *La Varona Castellana* de Lope de Vega, y *El Amor Médico* de Tirso de Molina, *La vida es sueño* de Calderón de la Barca, *Don Gil de las Calzas Verdes* de Tirso de Molina y *La Serrana de la Vera* de Vélez de Guevara, cuya protagonista, Gila, muere ejecutada.[58] En *La Monja Alférez*, el discurso masculino funciona, por tanto, como una característica esencial del personaje de Guzmán al ser congruente con su naturaleza masculina e indispensable para transgredir con éxito las normas impuestas por los poderes hegemónicos.[59]

El héroe lleva a cabo todo un proceso de apropiación genérica en el sentido más literal de la palabra. El travestismo y su insistencia en ser hombre son en la comedia un aspecto fundamental de la identidad genérica del protagonista. De hecho, haberlo presentado como algo transitorio habría sido un error estratégico por parte del autor. Pérez de Montalbán no se

---

[57] SEBASTIÁN: ¿Quieres acaso / vestirte sobre la espada?
GUZMÁN: Estoy tan acostumbrado.
MACHÍN: Acostumbrada.
GUZMÁN: También / lo estoy de tratarme hablando, / como varón.
(*MA*, Jornada III, Escena III)

[58] El caso de *La Serrana de la Vera* es diferente al de las otras comedias mencionadas. La *mujer varonil* en ningún momento opta por la ropa de hombre; sin embargo, Gila, después de ser violada por su prometido, se convierte en la mujer homicida y vengadora de todas las mujeres. Al final de la comedia, sus muchos crímenes obligarán a su propio padre a dictar una orden de captura y a ejecutarla con sus propias manos.

[59] Como indica Foucault, "Discourse can be both an instrument and an effect of power, but also a hindrance, a stumbling-block, a point of resistance and a starting point for an opposing strategy." (en Butler, 1993: 308)

limita a explotar el fenómeno de la *mujer varonil*, como se había hecho hasta el momento, es decir, no reduce el travestismo a un simple "quita-y-pon" de la ropa de hombre. El travestismo de su héroe no es, en este caso, el de la mera *apariencia*, sino que abarca a la persona en toda su dimensión, o sea, en su *performance*—pues sus actos varoniles así lo demuestran—y en su discurso. Tiene sentido que al final de la comedia, Guzmán, al igual que Catalina de Erauso, insista en una identidad genérica que no es biológicamente la suya.

La sumisión final de Guzmán, aunque hace que la subversión que ha llevado a cabo a lo largo de las tres jornadas se tambalee, es momentánea y cumple una triple función: Primero, cerrar la comedia con un acto que salva el honor de la amada. Segundo, ennoblecer la figura de Guzmán. Montalbán reconstruye la figura de Catalina, mujer homicida y oportunista, y crea un héroe de honor, de valentía y de amor, es decir, hace de Guzmán un hombre honorable y enamorado que se sacrifica por doña Ana. Montalbán insiste en hacer*la* héroe y en eliminar a la homicida que las memorias presentaban.[60] Y tercero, llegar a un compromiso escénico en el que se complace a las autoridades y se alivia al público de la ansiedad que le haya podido producir la transgresión del protagonista. Como Perry explica, Guzman al arrodillarse ante don Diego, restaura el orden de los géneros y confirma la superioridad del hombre, para, al final, conservar su ropa de hombre y sin que por ello su comportamiento resulte ambiguo o amenazante (244-45).

La insistencia del personaje en su identidad masculina y el hecho de que la nobleza se la aceptara no reafirman por completo el poder hegemónico. Guzmán manipula y subvierte la organización social a nivel personal y escénico desplazando a los personajes masculinos con los que comparte la escena y siendo la única *mujer varonil* del Teatro español que baja el telón vestida de hombre. Su travestismo es, por tanto, diferente al de las otras *mujeres varoniles*, quienes, por lo general, se enamoraban de hombres.[61] Guzmán se siente hombre, rechaza hasta la saciedad vestirse de y ser mujer y se enamora de otra mujer. Montalbán fácilmente podría haber hecho de

---

[60] Es importante volver a subrayar que Guzmán mata al Cid en defensa del honor de su hermano e hiere a su hermano para proteger su identidad, es decir, sólo cuando ésta está en peligro.

[61] "At the finale, the *mujer vestida de hombre* is expected to return to her proper place (and dress) as part of a couple." (Taddeo 113)

La Monja Alférez la típica comedia de Enredo o de Capa y Espada, en la que Guzmán (al ser biológicamente mujer) se enamorara de Don Diego o viceversa; sin embargo, el dramaturgo optó por un héroe subversivo y decidió hacer de él un personaje transgénero. Esta complejidad del personaje es lo que hace factible la subversión del orden escénico y social. Guzmán es, en un principio, el oportunista para, conforme se desarrollan los acontecimientos, convertirse en la víctima, el héroe, el amante y, tras su confesión, en la mujer, que con sus actos y su discurso, demuestra que su naturaleza *es* masculina.

Violación y Matrimonio: Paralelismos y diferencias
entre *El Burlador de Sevilla* y *La Monja Alférez*.
Los personajes de Doña Ana y Don Diego nos traen a la memoria a dos personajes clásicos del Teatro del Siglo de Oro español: la duquesa Isabela y Don Juan en *El burlador de Sevilla* de Tirso de Molina.

Doña Ana e Isabela sufren agresiones similares: las dos son engañadas, permiten la entrada del agresor en sus dormitorios y son conscientes del engaño del que son víctimas, aunque cada una de ellas reacciona de forma diferente: si Doña Ana permite que la violación ocurra por miedo a la reacción de su padre, Isabela grita y se arriesga a las consecuencias de su "error":

Doña Ana.	[D]el engaño ha de ser fuerza resistir, y aunque aventure la vida en la resistencia, que rendirme, confesando que no le conozco, fuera consintiendo mi deshonra, confesarle mi flaqueza. [. . .] (*MA*, Jornada II, Escena V)
Isabela.	¡Ah, cielo! ¿Quién eres, hombre?
Don Juan.	¿Quién soy? Un hombre sin nombre.
Isabela.	¿Que no eres el Duque?

DON JUAN.	No.
ISABELA.	¡Ah de palacio! [...]
	¡Ah del rey! ¡Soldados, gente!

(*El Burlador de Sevilla*, Jornada Primera)

La violación que sufren estas dos mujeres no se puede poner en duda; de ahí que ambas demanden de sus amantes la restauración de su honor.[62] *La Monja Alférez* y *El burlador de Sevilla* reflejan las costumbres y normas sociales de una época en la que la pasividad de los personajes femeninos era el comportamiento esperado. Tanto en la obra de Montalbán como en la de Tirso es al hombre a quien le corresponde mediante el matrimonio restaurar el honor de la mujer y reincorporarla a la sociedad después de ser él mismo quien ha fallado en su *rol* de protector. De esta forma, si la presencia de estos dos personajes femeninos y la violación son necesarias para el establecimiento de la trama, la pasividad de ellas permite que los personajes masculinos sean los que, en gran parte, determinen el desarrollo de los acontecimientos y el desenlace final. Así en estas dos comedias el papel y la función de la mujer engañada es relativamente marginal, ya que ni a Doña Ana ni a Isabela se les permite tomar la justicia por su propia mano. En *La Monja Alférez*, Don Diego, ante la amenaza de Guzmán, se casa con Doña Ana para evitar el enfrentamiento físico con su "amigo" y rectificar el daño cometido; en *El burlador de Sevilla*, la estatua de Don Gonzalo, padre de Isabela, asesina a Don Juan para vengar su honor. Los dramaturgos sólo difieren en la forma de castigar este tipo de agresión: Tirso le hace justicia a la mujer violada con la muerte del agresor y Montalbán lo obliga a casarse con su víctima.

Si *La Monja Alférez* nos ha presentado a lo largo de las tres jornadas el dilema entre naturaleza / norma, era lógico que Montalbán terminara con la imposición de lo que se consideraba social y culturalmente normal y natural: la unión entre Doña Ana y Don Diego, siendo ésta la única forma que la mujer soltera del siglo XVII tenía de recuperar el honor después de haber perdido la virginidad.[63]

---

[62] Isabela: "Mas no será el yerro tanto / si el duque Octavio lo enmienda" (*El Burlador de Sevilla*, Jornada Primera) y doña Ana: "[...] pues fue ladrón de tu gloria, / y causador de mi pena, / y siendo yo tuya, corren / mis agravios por tu cuenta" (*MA*, Jornada II, Escena V).

[63] El matrimonio era considerado el estado natural de la mujer. Ian Maclean

La resolución tomada en *La Monja Alférez* no es una característica exclusiva de su autor. El objetivo central de casi todos los dramaturgos del siglo XVII no fue el de alterar el orden establecido, sino el de fortalecerlo, en este caso, con el matrimonio y eliminar cualquier amenaza que pudiera hacer tambalear dicha institución, aunque ello significara, como explica Wardropper, el encarcelamiento doméstico de la mujer o, como en el caso de Doña Ana, el matrimonio con el hombre que la ha violado:[64]

> La meta de la mujer en la Comedia coincide con la meta de la propia comedia: "casarse". Es decir, levantar una casa o una familia. A menudo se toma este fin de la comedia como un modo de significar que, ya se añade otra familia al orden establecido, el Sistema se enriquece con el incremento. (222)

De esta forma, si al principio de *La Monja Alférez* la mujer es el objeto del deseo que hace que el hombre pierda control de su apetito sexual, al final, es el objeto de transacción que, a través del matrimonio, beneficia económicamente al hombre y facilita la purificación espiritual del éste.[65]

---

en su minucioso trabajo sobre el concepto de la mujer en el Renacimiento explica cómo no se podía concebir a la mujer fuera de dicha institución: "The belief that women cannot be considered except in relation to the paradigm of marriage is reinforced by the ethical and medical vision of marriage as a natural state, found even in animals who possess neither a deliberative faculty nor freedom of choice." (57)

[64] Un ejemplo muy claro lo tenemos en *La fuerza de la sangre* de Miguel de Cervantes. La protagonista, Leocadia, es raptada, violada y, como resultado de esta agresión, da a luz a un hijo natural. Los años pasan y, gracias al destino, Leocadia identifica la casa donde la violaron y conoce a los padres de su violador. Este "reencuentro" le da la oportunidad de manipular la situación y obligar a su agresor a que se case con ella. El plan de Leocadia es atrevido para una mujer de su época, pues le exige a los padres de él que la recompensen económicamente por el daño sufrido o que Rodolfo enmiende la agresión que cometió en el pasado reconociendo a su hijo y casándose con ella: "Este niño, señora, con quien habéis mostrado el extremo de vuestra caridad, es vuestro verdadero nieto. Permisión fue del cielo el haberlo atropellado, para que, trayéndole a vuestra casa, hallase yo en ella, como espero que he de hallar, si no el remedio que mejor convenga con mi desventura, al menos el medio con que pueda sobrellevarla." (*La fuerza de la sangre* 158)

[65] Stacey L. Parker Aronson en su artículo "La 'textualización' de Leocadia y su defensa en *La fuerza de la sangre*" y Marcia L. Welles en "Violence disguised:

Alban Forcccione en *Cervantes and the Humanist vision* explica cómo el matrimonio y la familia eran instituciones esenciales para establecer y mantener el orden social y el orden natural.[66] El enlace entre Doña Ana y Don Diego no se debe entender como un acto de sumisión por parte de la mujer. El desposorio era por lo general el final de todas estas comedias, pues era la forma de restaurar la armonía social después del caos. Para el Cristianismo de la época a través del matrimonio el hombre caído recuperaba la bendición divina al ser éste el acto en que el deseo, la razón y el instinto coexisten en armonía perfecta; es decir, con el matrimonio el hombre controla su sexualidad y opta por desear lo que es bueno y racional. Con dicha institución se establecía el orden laico (99). Era lógico, por tanto, que las comedias después de la confusión que habían presentado acabaran en nupcias, sobre todo en una época en la que el matrimonio y la familia se estaban imponiendo como las instituciones básicas de una sociedad cristiana y ordenada.[67] Con la boda de los amantes se cerraba la mayoría de las piezas teatrales del Siglo de Oro y, en una comedia tan conflictiva como la de Montalbán, era la resolución esperada por todos los espectadores.

CONCLUSIÓN

Durante sus años de travestí, la vida de Catalina de Erauso sigue el mismo patrón de comportamiento de esas mujeres que, en su época y en la actualidad, vivían y viven engañando al sistema. En todas ellas observamos la necesidad de dejar el lugar de origen, cambiar repetidamente de identidad, auto-marginarse y, en cierta manera, convivir entre los grupos sociales menos privilegiados. Catalina, después de su huida del convento de las monjas dominicas de San Sebastián, trabajó de criado y paje, viéndose obligada a huir cada vez que consideraba que su identidad estaba en peligro; de hecho, fue la urgencia de proteger el anonimato—junto con la oportunidad de enrolarse de grumete y realizarse como soldado—lo que

---

Representation of rape in Cervantes' *La fuerza de la sangre*" elaboran sobre la idea de la doble función de la mujer violada en ésta novela de Cervantes.

[66] Alban K. Forcccione explica: "There are two implications of Christian Humanist thought concerning the "well-founded" nature that we should bear in mind if we are to understand correctly Cervante's celebration [...] of Christian marriage, family authority, and the state-family as all belonging to the order of perfected nature [...]." (162)

[67] Ver *Institutio Christiani Matrimonii*. Pp. 622C, 718D, 674F – 675C, 622B.

motivaron su marcha al Nuevo Continente.[68]

Catalina de Erauso supo sacar el máximo provecho de la estructura social y del código del vestir. Con su travestismo manipuló y subvirtió las reglas sociales. Aunque parezca paradójico, su confesión final al obispo de Guamanga no puede ser considerada un fracaso personal, sino el comodín que sacó a relucir en el momento más crítico de su vida: el de su arresto. Con respecto a su detención hay que volver a resaltar que la justicia no la arrestó porque hubiera descubierto su verdadera identidad sino por los múltiples homicidios que había cometido. Si su *status* social, hija de nobles, y su increíble carrera militar la ayudaron a la hora de determinar su sentencia, la manipulación que hizo de su condición biológica de mujer-virgen fue, como hemos visto, la última exhibición de su oportunismo: la Monja Alférez sabía que había sobrepasado los límites de su sexo, que era una mujer virtuosa y que, por consiguiente, en términos teológicos se la consideraba un ser perfecto. Es decir, ella era la candidata ideal para solicitar una nueva identidad genérica.

En *La Monja Alférez* tenemos una obra de teatro que es todo lo opuesto a la evaluación que Bacon hace de la Comedia de Montalbán: "monótona," "tediosa," "carente de energía" y con unos argumentos que en "su mayoría están faltos de solidez" (8-9). *La Monja Alférez* presenta en las tres jornadas una serie de situaciones e intrigas que llevan a un desenlace inesperado e insólito. Ya hemos explicado que las invenciones del dramaturgo fueron indispensables para llevar a la escena una comedia que además de ser sorprendente fuera convincente, pues era muy probable que el público estuviera familiarizado con la vida de la famosa Catalina.

La construcción de los personajes femeninos y masculinos tampoco carece de riqueza y complejidad: Doña Ana, llena de emociones encontradas, es culturalmente fiel reflejo de la mujer de su época: es víctima de la

---

[68] "Entrando en Valladolid [...], me acomodé en breve por page de D. Juan de Idiaquez, secretario del rey [...] estuve allí bien hallado siete meses. Al cabo de ellos estando una noche a la puerta con otro page compañero, llegó mi padre y preguntónos si estaba en casa el señor D. Juan. [...] y mi padre dijo, como se le habia ido del convento aquella muchacha, y eso le traía por los contornos en su búsqueda [...] Yo que oí la conversación [...] fuíme a mi aposento, cogí mi ropa y salíme, [...] y fuíme a un mesón donde dormí aquella noche y donde entendí de un arriero, que partía por la mañana a Bilbao; y ajustándome con él partimos a la mañana, sin saber yo qué hacer ni a dónde ir, sino dejarme llevar del viento como una pluma." (*Historia* 6-9)

violación de Don Diego, está profundamente enamorada de Guzmán y se siente traicionada al descubrir que su amante es una mujer, lo que para ella significa tener que dejar de amar*lo*. El personaje de Don Diego tampoco tiene desperdicio: agrede sexualmente a Doña Ana, se ve obligado a casarse con ella una vez descubierto su crimen y traiciona a Guzmán con la honorable, aunque dudosa, intención de salvarlo. Miguel de Erauso es el hermano orgulloso de la valentía de su hermana pero, a la vez, decepcionado, humillado y enfurecido con el comportamiento de ésta. Y, por último, el héroe, quien tenía que ser sumamente complejo pues así lo era la persona en quien se había inspirado esta comedia. Su travestismo y su sexualidad, ambos elementos inherentes a su identidad genérica, tenían que ser, por consiguiente, características fundamentales del personaje de Guzmán. La *mujer varonil* de Montalbán se viste, habla y actúa como hombre y se enamora de mujeres. Al final, Guzmán, como Catalina de Erauso, consigue que su identidad masculina se haga oficial, lo cual le permite "normalizar" su vida y vivir conforme al género con el que se identifica.[69]

Guzmán no es el primer personaje del Teatro español que demuestra la existencia de grietas en el sistema y la artificialidad de la construcción genérica que se ha hecho del ser humano. En realidad, y como observa Wardropper, ese fue el objetivo inicial de las *mujeres varoniles* de la Comedia, aunque sus creadores nunca les dieron la oportunidad alterar el arraigado *status quo*:

> En el mundo al revés de la comedia es donde se permite que las mujeres provoquen los acontecimientos y ejerzan un control sobre el mundo dominado por los hombres en el que están obligadas a vivir [...] El suyo es un mundo irrealizable puesto en teatro, pero presenta una alternativa nada descartable a un inflexible gobierno del macho [...] El gobierno de los hombres no puede ser derribado, pero sí puede ser subvertido. (226)

El héroe de Montalbán transgrede el orden social, escénico y genérico. Guzmán es la única *mujer varonil* que mantiene su travestismo y su

---

[69] La normalización fue relativa ya que ambos personajes, el histórico y el literario, optaron por rehacer su vida de hombre fuera de España. Obviamente, Catalina y Guzman evitaron ser el espectáculo al que se refieren en las memorias y en la comedia.

naturaleza masculina después de bajarse el telón. A pesar de que se puede interpretar el rechazo de su condición de mujer como una decisión que promueve la superioridad del hombre y fortalece el patriarcado, Montalbán lo compensa demostrando que su *mujer varonil* puede ser hombre y que, aunque resulte paradójico, como mujer puede amar a otra mujer.

Lo subversivo tanto de Antonio de Erauso (Catalina de Erauso) como de Guzmán estuvo, por tanto, en la capacidad que ambos tuvieron de manipular las normas sociales para beneficiarse de los privilegios que tenían aquellos que pertenecían a la categoría genérica del hombre. Tanto el Alférez de la realidad como el de la ficción acapararon el centro del "escenario" de la vida y del teatro y se convirtieron en el primer transgénero oficialmente reconocido de la historia moderna española y del Teatro español.

Criterios de esta edición

En mi edición de *La Monja Alférez* utilizo como textos base las sueltas publicadas en *Comedias Varias de diferentes Autores de España* y la edición de Fitzmaurice-Kelly de 1908. He considerado necesario incluir la *Historia de la Monja Alférez, Doña Catalina de Erauso* en el estudio de esta comedia y del personaje de Guzmán al ser las memorias el texto en el que probablemente se basara el dramaturgo.

Corrijo los errores y considero las discrepancias que encuentro en las sueltas y en la edición de F-K. Las enmiendas las hago en el texto principal y en las notas explico o presento la transcripción hecha en los dos textos con los que trabajo. Así, dejo constancia de la ambivalencia que existe en las formas ~arlo, ~allo y en el uso del pretérito. En el caso de las formas ~arlo, ~allo sigo las sueltas en donde se alterna el uso. Fitzmaurice-Kelly pensó más oportuno regularizar el empleo, sin embargo, a mí me parece interesante seguir las sueltas y observar cómo en aquélla época se estaban ya usando las dos formas, demostrando que la forma moderna aún no estaba normalizada. Igualmente, mantengo la forma del pretérito que aparece en las sueltas, ya que también hay oscilación en este caso. Así, a veces, se mantiene la forma del *vos* del siglo XVI – XVII, como por ejemplo, "perdistes," "conseguistes," mientras que en otros casos se prefiere usar la forma "perdisteis," "hicisteis."

En las notas también explico chistes, refranes, expresiones y vocablos que se han dejado de usar o son de poco uso en el español moderno. Es decir, todo aquello que pudiera hacer difícil la comprensión del texto. Corrijo la puntuación y los acentos si no coinciden con la ortografía moderna; y regularizo el uso de la mayúscula al inicio de cada verso.

ABREVIACIONES

RAE	*Diccionario de la Lengua Española* de la Real Academia Española.
	Moliner Diccionario del uso del español de María Moliner.
Corominas	*Diccionario etimológico de la Lengua Castellana* de Corominas.
F-K	Edición *La Monja Alférez* de Fitzmaurice-Kelly.
Historia	*Historia de la Monja Alférez, Doña Catalina de Erauso* de J. M. de Ferrer.
MA	Comedia de *La Monja Alférez*.

Bibliografía

Andrès, Christian. "Historicidad, Mito y Teatralidad en el personaje de *La Monja Alférez* (según la comedia de Juan Pérez de Montalbán)". *Memoria de la palabra. Actas del VI Congreso de la Asociación Internacional Siglo de Oro*. Burgos, La Rioja, 15–19 de Julio, 2002: 251-62.

Bacon, George William. *An Essay upon the Life and Dramatic Works of Dr. Juan Pérez de Montalbán*. Phyladelphia: Department of Philosophy of the University of Pennsylvania, 1903.

Bravo Villasante, Carmen. *La mujer vestida de hombre en el teatro español (Siglos XVI- XVII)*. Madrid: Revista de Occidente, 1955.

Butler, Judith. *Gender Trouble: Feminism and the subversion of identity*. New York: Routledge, 1990.

"Imitation and Gender Insubordination", *The lesbian and gay studies reader*. Henry Abelove, Michele A. Barole, David Halperin (eds.). New York: Routledge, 1993.

Bulfinch, Thomas. *The Golden Age of Mith and Legend*. Denmark: Wordsworth Editions, 1993.

Cervantes, Miguel de. *La fuerza de la sangre,* Novelas Ejemplares. México: Editorial Porrua, S.A., 1969.

Corominas, Joan. *Diccionario Etimológico de la Lengua Castellana*. Editorial Francke, 1954.

Crompton, Louis. "The Myth of the Lesbian Impunity". *Journal of Homosexuality*, Vol. 6(1/2), Fall/Winter 1980/81.

Daly, Mary. *The Church and the Second Sex*. Boston: Beacon Press, 1985.

Dean, Tim. "Transexual Identification, Gender performance theory, and Politics of the Real". *Literature and Psycology*, Vo. XXXIX, No. 4, 1993.

Dekker, Rudolf. *The tradition of female trasvestism in Early Modern Europe*. Londres: Macmillan Press, 1989.

Diccionario de la Lengua Española, Real Academia Española. Madrid: Espasa

Calpe, 2001.
Ferrer, Joaquín María de. *Historia de la Monja Alférez, Doña Catalina de Erauso*. París: Imprenta Julio de Didot, 1829.
Fitzmaurice-Kelly, James. *The Nun Ensign*. London: T. Fisher Union, Aldelphi Terrace, 1908.
Forccione, Alban K. *Cervantes and the Humanist vision: A study of four Exemplary Novels*. Princeton, New Jersy: Princeton University Press, 1982.
Foulché-Delbosc, R. *Revue Hispanique*. Tome XXVI. New York: The Hispanic Society of America, 1912.
Garber, Margory. *Vested interest: Cross-dressing and culture anxiety*. New York & London: Routledge, 1992.
Grimal, Pierre. *Diccionario de Mitología Griega y Romana*. Barcelona: Paidos, 1982.
Izquierdo, María Jesús. *El malestar en la desigualdad*. Madrid: Ediciones Cátedra S.A., 1998.
Heise K. Ursula: "Transvestism and the Stage Controversy in Spain and England, 1580- 1680". *Theatre Journal*, 44.3 (1992): 357-74.
Howard, Jean E: "Crossdressing, The Theatre, and Gender Struggle in Early Modern England". *Shakespeare Quarterly* 39.4 (1988): 418-40.
Irigaray, Luce. *This sex which is not one*, translated by Catherine Porter with Carolyn Burke (Ithaca, NY: Cornell University Press, 1977)
Juárez, Encarnación. "Señora Catalina, ¿dónde es el camino? La autobiografía como búsqueda y afirmación de identidad en *Vida i sucesos de la Monja Alférez*". *La Chispa 1995: Selected Proceedings*, 185-95. Ed. Claire J. Paolini. New Orleans: Tulane University Press.
Kosofsky Sedgwick, Eve. *Epistemología del armario*, traducción de Teresa Bladé Costa. Barcelona: La Tempestad, 1998. See also Sedgwick below.
Lope de Vega y Carpio. *Arte Nuevo de Hacer Comedia*. México: Colección Temas Teatrales, 1962.
―――. *La varona castellana*. Madrid: Biblioteca de autores españoles.Tomo I, 1951.
Maclean, Ian. *The Renaissance Notion of Woman*. Cambridge: Cambridge University Press, 1980.
McKendrick, Melveena. *Women and Society in the Spanish Drama of the Golden Age. A Study of the Mujer Varonil*. Cambridge: Cambridge University Press, 1974.

Molina, Tirso de. *Don Gil de las Calzas Verdes*. Zamora Vicente (eds.) Madrid: Clásicos Castalia, 1990.

———. *El Burlador de Sevilla*. Carmen Romero Ed. Barcelona: Plaza & Janes Editores, 1998.

Moliner, María. *Diccionario del uso del español*. Edición abreviada. Madrid: Gredos, 2000.

Parker Aronson, Stacey L. "La 'textualización' de Leocadia y su defensa en La fuerza de la sangre." *Cervantes: Bulletin of the Cervantes Society of America* 16.2 (1996): 71-88.

Parker, Jack. "*La Monja Alférez* de Juan Pérez de Montalbán: Comedia americana del siglo XVII". *Actas del III Congreso Internacional de Hispanistas*. México: 1970, pp.665-671.

———. *Juan Pérez de Montalbán*. Boston: Twayne Publishers, 1975.

Pérez de Montalbán, Juan: *La Monja Alférez*. En: *The Nun Ensign*, James Fitzmaurice-Kelly (ed.). London: T. Fisher Unwin, Adelphi Terrace, 1908 [1630].

Perry, Mary Elizabeth. " *La monja alférez*: Myth, Gender, and the manly woman in a Spanish Renaissance Drama". *La Chispa*. New Orleans, Tulane, U.N: 1987, 239- 249.

Ranke–Heineman, Uta. *Eunuchs for the Kingdom of Heaven: Women, Sexuality and the Catholic Church*. Peter Heinegg (Trans.). New York, NY: Penguin Books, 1990.

Scott, Joan Wallach. *Gender and the politics of history*. New York, NY: Columbia University Press, 1988.

Sedgwick, Eve Kosofsky. *Epistemología del Armario*. Berkeley: University California Press, 1990.

Sprengnether, Madelon. "Annihilating Intimacy in Coriolanus". En: *Women in the Middle Ages and the Renaissance: Literary and Historical Perspectives*. Mary Beth Rose (ed.). Syracuse: Syracuse UP, 1986.

Taddeo, Sara A. "*Mentís que no soy mujer mientras empuño este acero*: Verdad, Engaño y Valor in *La monja alférez*". *Symposium of Golden Age Drama*. El Paso: University of Texas. March 18-21, 1992: 111-120.

Traub, Valery: "The (In)Significance of 'Lesbian' Desire in Early Modern England." *Queering the Renaissance*. Jonathan Goldberg (ed.), Durham: Duke University Press, 1994, (62–83).

Vallbona, Rima de. *Vida I Sucesos de La Monja Alférez*. Center for Latin American Studies, Arizona State University, Tempe, Arizona, 1992.

Velasco, Sherry. *The Lieutenant Nun: Transgenderism, Lesbian Desire and Catalina de Erauso*. Texas: University of Texas Press, 2000.

———. "La primera dama, el público y Catalina de Erauso: Colaboración teatral en *La Monja Alférez* de Pérez de Montalbán. *Memoria de la palabra. Actas del VI Congreso de la Asociación Internacional Siglo de Oro*. Burgos, La Rioja, 15–19 de

Julio, 2002: 115-32.

Vélez, Irma. "*Vida I sucesos de la Monja Alférez:* un caso de travestismo sexual y textual". *La Seducción de la escritura: Los discursos de la escritura de hoy.* Rosaura Hernández Monroy y Manuel F. Medina (eds.). México City, México, Pagination, 1996: 391-401.

Vélez de Guevara. *La Serrana de la Vera.* Enrique Rodríguez Cepeda (eds.). Madrid: Ediciones Cátedra, S.A.

Welles, Marcia. "Violence disguised: Representation of Rape in Cervantes' *La fuerza de la sangre.*" *Journal of Hispanic Philology* 13.3 (1989):240-52 .

Whicker, Jules. "La virtud militar y el diseño moral de *La Monja Alférez* de Montalbán". *Memoria de la palabra. Actas del VI Congreso de la Asociación Internacional Siglo de Oro.* Burgos, La Rioja, 15–19 de Julio, 2002: 1851-60.

La Monja Alférez
Comedia famosa
de Juan Pérez de Montalván

Hablan en ella las personas siguientes:

DOÑA ANA, DAMA.
CATALINA DE ERAUSO, MONJA ALFÉREZ.
DON DIEGO, GALÁN.
DON JUAN.
EL VIZCONDE DE ZOLINA.
TEODORA, DAMA.
EL ALFÉREZ NUEVO CID.
PRESOS.
INÉS, SU CRIADA.
MACHÍN, CRIADO GRACIOSO.
TRISTÁN, CRIADO.
MIGUEL DE ERAUSO, SOLDADO.
SEBASTIÁN DE ILUMBRE.
EL CASTELLANO DEL CALLAO.
UN SOLDADO.
UN ALCALDE DE CORTE.

Jornada primera

ESCENA I
Guzmán de camino y Machín, doña Ana e Inés con mantos.

DOÑA ANA.   No puedo enfrenar el llanto.[1]

GUZMÁN.   No lo hubiera yo emprendido
mi bien, si hubiera entendido,
que tú lo sintieras tanto.
Mas ya es hecho, tu señora,
eres culpada, yo no,
pues que tu amor me ocultó

---

[1] "Enfrenar": Contener y sujetarlo. (*RAE*)

lo que me descubre ahora.

DOÑA ANA. El favor más limitado
de una principal mujer,
no basta para perder
la esperanza, y el cuidado.²
¿Pude yo (siendo quien soy)³
darte señales más claras
de mi amor? ¿y tú estimaras
los favores que te doy,
si te entregase liviana⁴
la posesión de mi pecho?

GUZMÁN. Ya no hay remedio, ya es hecho,
mas alivie, mi doña Ana,
(si mi ausencia te lastima)⁵
el mal que sintiendo estás,
ver que dos leguas no más
dista el Callao⁶ de Lima.
Y no dará luz la Aurora,
jamás al monte, ni prado
sin que a mí me la haya dado
ese sol que el alma adora.
Así desmentir podré
la ausencia que te amenaza,
que supuesto que la plaza⁷
yo de soldado asenté,
y en el puerto he de asistir

---

² "Cuidado": Solicitud y atención por hacer bien algo. Recelo, preocupación, temor. (*RAE*)

³ En la edición de F-K: "¿Puedo [...]?"

⁴ "Liviana": Dicho de una mujer: informal y ligera en su relación con los hombres. (*RAE*)

⁵ En las sueltas: "me lastima."

⁶ Puerto de Lima.

⁷ "Plaza": Ciudad o fortaleza que se elige en el paraje donde se hace la guerra, a fin de poner en ella las armas y demás pertrechos militares para el tiempo de la campaña. (*RAE*)

	las noches que estar de posta[8]
	no me toque, por la posta
	a verte podré venir.
DOÑA ANA.	Con eso no solamente
	se alivian mis sentimientos,
	mas es para mis tormentos
	el medio más conveniente.
	Pues si de las ansias mías
	la envidiosa diligencia
	tuvo indicios con tu ausencia
	desmentimos las espías.
	Que ya sabes que el efecto[9]
	de poderte ver, y hablar,
	solamente ha de durar
	lo que durase el secreto.
	Y así de nuevo te pido,
	que la palabra me des
	de no rompello, aunque estés
	ya celoso, ya ofendido.
GUZMÁN.	Y de nuevo te prometo,
	que no sepa mi cuidado
	de mí, sino este crïado,
	que es ejemplo del secreto.
MACHÍN.	No viene Machín de casta
	que se pierde por hablar,
	pues para saber callar,
	soy vizcaíno que basta.
DOÑA ANA.	Pues Alonso de Guzmán

---

[8] "Posta": Conjunto de caballería que se apostaban en los caminos a distancia de dos o tres leguas, para que los tiros, los correos, etc., pudiesen ser renovados. (*RAE*)

[9] "Efecto": Impresión hecha en el ánimo. (*RAE*)

hace de ti confianza,
ella es la mayor probanza[10]
que tus méritos me dan.
Y tú porque la ocasión
jamás pierdas de venir
a verme, sin que inferir[11]
pueda nadie tu afición.[12]
Pues es la curiosidad
tan necia, que te podría
poner una oculta espía,
que al entrar en la ciudad
te siguiese, y nuestro amor
viniera a saberse, quiero
que el caballo más ligero,
que de indiano picador,
agitado excede al viento,
obedezca a tu cuidado,
porque el pedirlo prestado,
no dé indicios de tu intento.
(*Dale una cadena.*)
Del valor de esta cadena
puedes comprarlo y advierte,
que pues en verte, o no verte
está mi gloria, o mi pena.
No haya estorbo que resista
el efecto a mi deseo,
si cuanta hacienda poseo
me ha de costar una vista.[13]

GUZMÁN.   ¿Qué diligencia,[14] y cuidado

---

[10] "Probanza": Rescribir 'probanza de méritos.'
[11] "Inferir": Producir o causar ofensas, agravios, heridas, etc. (*RAE*)
[12] "Afición": Inclinación, amor a alguien o algo. (*RAE*)
[13] "Vista": Encuentro o concurrencia en que alguien se ve con otra persona. (*RAE*)
[14] "Diligencia": Cuidado y actividad en ejecutar algo. Prontitud, agilidad, prisa. (*RAE*)

| | en servirte no podrá
quien de tu favor está
por mil partes obligado?
Esta cadena recibo
mas que por sus eslabones
manifiesten las prisiones
en que enamorado vivo.
Que por comprar el caballo,
que donde es tal el favor,
alas son los pies de amor
para volar a gozallo. |
|---|---|
| DOÑA ANA. | A Dios, pues, que estoy temiendo
la asechanza cuidadosa
de alguna afición celosa. |
| GUZMÁN. | Aunque de oirlo me ofendo,[15]
trueco a tu opinión, señora,
los sentimientos más graves. |
| DOÑA ANA. | No hay que advertirte, pues sabes
la seña, ventana, y hora. (*Vanse.*) |

ESCENA II

GUZMÁN.	¿Qué dices de mi ventura?
MACHÍN.	Que pasa gran tempestad
tu voto de castidad,
entre ocasión, y hermosura.
Pero don Diego tu amigo
viene aquí.
GUZMÁN.	Mucho sintiera,
que a doña Ana conociera,

---

[15] F-K: "oillo," en las sueltas: "oirlo."

si ahora la vio conmigo.
(*Aparte.*) Cuando mi pecho le estima
de tal suerte, que por dar
a sus temores lugar,
gusto de salir de Lima.

Escena III
Los dichos, Don Diego y Tristán.

Don Diego. Era ya tiempo de veros,
Guzmán amigo.

Guzmán. El buscaros
pudiera excusar, si hallaros
ha de ser para perderos.

Don Diego. ¿Cómo?

Guzmán. De Lima me ausento

Don Diego. ¿Qué dices?

Guzmán. Mi natural
inclinación es marcial,
y vivo en la paz violento,
y al Rey me parto a servir
en el puerto.[16]

Don Diego. No me mueve
ser la distancia tan breve,
a que deje de sentir
la ausencia vuestra, Guzmán.

Guzmán. Tantas veces volveré
a veros, cuantas me dé

---

[16] El Callao, a corta distancia de Lima.

	licencia mi capitán.
DON DIEGO.	Porque podáis acordaros, y por ser en la milicia la gala[17] de más codicia, un penacho quiero daros excelente, cuyas plumas en la fineza, y color, unas son alas de amor,[18] y otras de Venus espumas.[19]
GUZMÁN.	Yo lo estimo, porque veo que en él, don Diego me dais las alas que imagináis, que en vuestra ausencia deseo. Mas, pues, me le dais por prenda de memoria, aunque confía de vuestra amistad la mía, que el olvido no la ofenda,[20] os quiero dar unos guantes (*Los guantes que Guzmán [lleva] puestos sean bordados extraordinarios.*)[21] en la hechura, y el olor,[22] en la materia, y valor, a los que veis semejantes. Que cuando no por su extraña novedad los estiméis,[23] hacerlo al menos podréis, por ser hechos en España.

---

[17] "Gala": Vestido sobresaliente y lucido. (*RAE*)
[18] Compara la textura de las plumas a las alas de Cupido.
[19] Se dice que Venus emergió de la espuma del mar. En este verso compara el color de las plumas a la espuma del mar.
[20] En las sueltas: "Que el olvido de la ofensa."
[21] En F-K: *Los guantes que saque Guzmán serán de ante muy bordados.*
[22] "Olor": Guantes perfumados.
[23] "Novedad": Géneros o mercancías adecuados a la moda. (*RAE*)

Don Diego.	De vos en todo excedido,
	y obligado me confieso,
	y por venceros en eso,
	me quiero dar por vencido.
Guzmán.	Estos brazos os darán
	la respuesta. Adiós, don Diego. (*Abrácense.*)
Don Diego.	Adiós. Tristán, lleva luego
	aquel penacho a Guzmán.[24]
Guzmán.	Siglos, Machín, considero
	para partir los instantes,
	lleva a don Diego los guantes,
	que puesto a caballo espero. (*Vase.*)
Machín.	Yo lo haré, mas si supiera[25]
	que tú habías de rompellos,
	por Dios que tu hubiera dellos
	cortado una bigotera. (*Vase.*)

Escena IV
Don Diego y Tristán.

Don Diego.	¿Qué te detiene Tristán?[26]
Tristán.	Sólo a decirte, que vi
	mientras hablabas aquí
	con Alonso de Guzmán,
	por esta esquina pasar

---

[24] "Penacho": Adorno de pluma que sobresale en los cascos o morriones, en el tocado de las mujeres, en las cabezas de las caballerías engalanadas para fiestas reales u otras solemnidades. (*RAE*)

[25] En las sueltas: "[…] mas si pudiera."

[26] En las sueltas aparece el verbo 'detener' en segunda persona del singular: "¿Qué te detienes, Guzmán?".

| | hacia la iglesia mayor |
| | a doña Ana.²⁷ |

DON DIEGO.   Dame, amor,
                  la ventura en alcanzar;
                  como el cuidado en seguir.

TRISTÁN.   Todo se alcanza obligando.

DON DIEGO.   O he de vivir alcanzando,²⁸
                  o siguiendo he de morir. (*Vanse.*)

ESCENA V

*Miguel de Erauso abriendo una carta de soldado
en cuerpo, y va dentro de la carta un retrato. Carta y Sobreescrito.*

DON MIGUEL.   (*Lee.*) Al Alférez Miguel de Erauso, mi hijo, en el Puerto del Callao en los Reinos del Perú. Hijo, valga por testamento esta carta, pues me tiene a las puertas de la muerte la afrenta²⁹ que vuestra hermana Catalina nos ha hecho, ausentándose ocultamente de San Sebastián. No os lo he escrito antes, aunque ha ya trece años,³⁰ por excusaros la pena. Mas ahora por haber entendido que pasó a esos Reinos en traje de varón, por el deseo de su remedio, atropello vuestro sentimiento. Su retrato es el incluso.³¹ Si la suerte o la diligencia la hallase, noble sois, y cuerdo, y sabréis lo que habéis de hacer. Dios os guarde. De San Sebastián, y Febrero 20 de 1618 años.

Vuestro padre, el Capitán

---

²⁷ "Sólo el decir que vi / mientras hablabas aquí / con Alfonso de Guzmán / a doña Ana." En la edición de F-K se omiten dos versos.

²⁸ En las sueltas hay una errata pues aparece: "alcanzanzando."

²⁹ "Afrenta": Vergüenza y deshonor que resulta de algún dicho o hecho, como de la que se sigue de la imposición de penas por ciertos delitos. (*RAE*)

³⁰ En F-K: "hace trece años."

³¹ Esta frase—"Su retrato es el incluso"—no aparece en la edición de F-K.

Miguel de Erauso.

¿Cómo es posible que haya yo leído
estos renglones sin haber perdido,
si no la vida el seso?
¡Qué se arrojase a tan infame exceso,
mujer que nació noble, cielo santo!
mas si nació mujer, ¿de qué me espanto?
¡Oh carta, que el veneno por los ojos
distes al alma! en átomos[32] despojos
de mi furor, al viento
informad de mi grave sentimiento. (*Rompe la carta.*)
No os pongan las crueldades de mi suerte
o mi vecina, ya forzosa muerte,
en ajeno poder, para que al suelo
sirváis en mi deshonra de libelo:[33]
y tú, retrato, si también del dueño,
que representas por la semejanza
la fealdad, y engaño no te alcanza,
libra mi honor de tan infame empeño,
verdad me informa, porque conocerla [34]
pueda por ti, si acaso llego a verla.[35]
Mas en diverso traje, y las facciones
ya de los años, del calor, y el frío
mudadas, y en Américas regiones,
que son tan dilatadas,[36] desvarío
será el querer buscarla,[37]
ni prometerme que podrán hallarla[38]
cuidado, ingenio, o diligencia alguna

---

[32] "Átomo": En la cosa más mínima o pequeña. (*RAE*)
[33] "Libelo" del latín 'libellus': Escrito en el que se deshonra, se denigra, se infama a alguien o a algo. (*RAE*) F-K escribe: "por libelo."
[34] En F-K: "conocella." Transcribo como en las sueltas en todos los casos semejantes.
[35] "Puedo por ti, si acaso llego a vella" en F-K.
[36] "Dilatadas": Extenso, vasto, numeroso. (*RAE*)
[37] En F-K: buscalla.
[38] En F-K: hallalla.

encomiéndolo al tiempo, y la fortuna.

Escena VI
Alférez, Guzmán, Machín, y un soldado.

Alférez.	Sepa, señor soldado, que en esta fuerza, es fuero ya asentado, que paguen los bisoños[39] la patente.[40]
Guzmán.	Pues yo que no lo soy, no solamente no tengo de pagalla, mas de quien me la pida, he de cobralla, Que soy Alonso de Guzmán.
Machín.	¿Qué es esto?
El nuevo Cid.	Sabed Miguel de Erauso que el soldado que miráis, más cerril[41] que desbarbado,[42] nos niega la patente.
Guzmán.	(*Aparte*) ¡Oh santo cielo! este es mi hermano.
El nuevo Cid.	Diga, ¿en qué se fía? más barba, amigo, y menos valentía, sepa que a mí me llaman por mal nombre

---

[39] "Bisoños" del italiano "bisogno": Nuevo, inexperto en cualquier oficio o actividad. (*Moliner*)

[40] "Patente": palabra jurídica de fueros y costumbres. Documentada en el Sur de Francia, así en Romance como en bajo latín desde 1108. (*Corominas*)

"Patente": Documento en el que oficialmente se le reconoce a alguien una invención y los derechos que de ella se derivan. (*RAE*)

En este contexto "patente" es el documento expedido por Hacienda pública, que acredita haber satisfecho determinada persona la cantidad que la ley exige para el ejercicio de algunas profesiones o industrias. (*RAE*)

[41] Dicho de una persona: que se obstina en una actitud o parecer, sin admitir trato ni razonamiento. (*RAE*)

[42] Carecer de barba. A veces en sentido despectivo. (*RAE*)

                        el nuevo Cid, y él es apenas hombre,
                        porque es razón que note,[43]
                        que el vigor se deriva del bigote.

GUZMÁN.   Pues porque esté el vigor más en su centro
                        hecho yo los bigotes hacia dentro,
                        y basta.

MACHÍN.   (*Aparte.*) Aquí entro yo, que ya se enoja,
                        está [a] dos dedos de sacar la hoja,[44]
                        (*Miguel mira atentamente a Alfonso de Guzmán.*)
                        señor, advierte, que esta es ley que puso
                        el uso, y no es estafa lo que es uso.

EL NUEVO CID.   Es cierto, que jamás la cortesía[45]
                militar permitió superchería.

GUZMÁN.   Por ese estilo sí, mostralles quiero
                que estimo la opinión más que el dinero;
                todos conmigo comerán mañana.

EL NUEVO CID.   Con eso a todos por amigos gana.

SOLDADO.   Pues eso quédese así, y ahora un rato[46]
                al ocio le sirvamos este plato;
                ¿jugáis Alfonso de Guzmán?
                (*El soldado saca unos naipes.*)

GUZMÁN.   A todo;
                pero más a los dados me acomodo.

EL NUEVO CID.   Úsanse poco en la región indiana.

---

[43] En F-K: "Por que [...]"
[44] "Hoja": Espada. (*RAE*)
[45] En F-K: "Es cierto: que jamás la cortesía."
[46] En F-K: "Pues quédese esto así, [...]"

Guzmán.	¿A qué hemos de jugar?
El nuevo Cid.	¿No es cosa llana, que en el Perú no saben los tahures[47] otro juego mejor que los albures?[48] (*Juegan a los naipes sobre un bufete,*[49] *y Miguel aparte mira atento a Guzmán.*)
Machín.	Señor soldado, diga por su vida, ¿por acá los que ganan son ingratos? ¿suelen vender muy caros los baratos?[50]
Soldado.	Los soldados son gente muy partida.[51]
Machín.	Esos son los percances de un criado, que está a mirón perpetuo condenado.[52]
Don Miguel.	Dicen que al pastor, cüando ha perdido alguna oveja, como está advertido a buscarla no más, se le semeja cualquiera voz balido de su oveja. Que a mí con el cuidado,

---

[47] "Tahures": Antiguamente "tafur", de origen incierto; parece haber designado primero a los componentes de una tropa auxiliar de los Cruzados que se dedicaban al saqueo y al merodeo. En Castellano pronto se generaliza a "jugador vicioso" y "jugador fullero." (*Corominas*)

[48] "Albures": El "albur" de las cartas se trata de un vocablo que sólo tiene uso en India y su carrera, según Autoridades. En el juego, el "albur" era una carta que sacaba el banquero y que podía hacer ganar a éste o al jugador. "Alburero": "El que juega a los albures": Luque Fajardo, 1603, habla de las fullerías de los criollos del Perú y de los albureros de Nueva España. (*Corominas*)

[49] "Bufete": Mesa que se destina a estudiar, escribir u otros usos semejantes. (*Diccionario de Autoridades de la RAE, 1770*)

[50] Dinero que el jugador separa de sus ganancias y reparte entre los espectadores, sobre todo si son pobres criados, etc. Machín está preguntando si recibirá "baratos."

[51] "Partida": Conjunto o agregado de personas que siguen y defienden una misma opinión o causa. Provecho, ventaja, conveniencia. En ciertos juegos, competencia concentrada entre los jugadores. (*RAE*)

[52] En F-K: "Que está a mirar perpetuo condenado."

             que mi perdida hermana me ha causado,
             cualquier joven que viere, en quien el sello
             no ponga de la edad al rostro el bello,
             he de pensar que es ella, y ya el deseo
             comienza a ejecutallo en el que veo,[53]
             pues no sólo en la voz, el rostro, y el talle
             me parece mujer; mas me parece
             que las facciones que su rostro ofrece
             las del retrato son, quiero miralle
             unas con otras partes confiriendo.
             Mas ... ¿qué locura acreditar pretendo?[54]
             si es este Alonso de Guzmán, deshecha[55]
             no deja su valor cualquier sospecha.[56]

GUZMÁN.   Sino es de mi temor esta advertencia,
             suspenso, atento, cuidadoso, y mudo,
             me contempla mi hermano, mas no pudo,
             aunque tenga noticias de mi historia,
             conservar de mi rostro su memoria,
             las especies después de tanta ausencia,
             y más haciendo en mí tal diferencia
             la edad, el traje, el brío, y el estado;
             en vano me desvela este cuidado.[57]

DON MIGUEL.   Si es ella, a recatarse ha de obligalla
             el verme pensativo, descuidada
             disimulando importa, que ocasiones
             me darán con el tiempo sus acciones,
             yendo con advertencia,

---

[53] En las sueltas: "vió."

[54] "Acreditar": Hacer digno de crédito algo, probar su certeza o realidad. (*RAE*)

[55] "Deshecha": Disimulo con el que se pretende ocultar algo o desvanecer una sospecha. (*RAE*)

[56] "Si este es Alonso de Guzmán ¿deshecha / No deja su valor cualquier sospecha?" en la edición de F-K.

[57] En sueltas: "en una me desvela este cuidado," sigo a F-K: "en vano me desvela este cuidado."

	con que de la sospecha haga evidencia. (*Llégase a jugar.*)
EL NUEVO CID.	Mas al caballo cuatro patacones.[58]
DON MIGUEL.	Conmigo van.
EL NUEVO CID.	¡Qué presto viene el siete! ¿qué juegue yo a los naipes? ¡Voto a Cristo!
DON MIGUEL.	So Alférez, ¿no me paga?
EL NUEVO CID.	Estaba visto.
DON MIGUEL.	No estaba.
EL NUEVO CID.	Yo lo digo, y basta.
DON MIGUEL.	¿Pues conmigo habla de esta manera?
SOLDADO.	No se espante, que está perdiendo.
DON MIGUEL.	No ha de ser bastante para que me hable a mí con arrogancia.
EL NUEVO CID.	Aunque no pierda, puedo yo tenella, porque yo soy.
DON MIGUEL.	Para conmigo nada.
EL NUEVO CID.	Yo soy mejor que vos.

---

[58] "Patacones": Moneda de cobre del valor de dos cuartos." (*RAE*)

GUZMÁN. ¡Mentís villano!
(Dale con la daga en la cabeza
Guzmán al Alférez,[59] sacan todos las espadas.)

EL NUEVO CID. La lengua he de cortaros, y la mano.

DON MIGUEL. ¿No tengo espada yo, Guzmán? ¿qué es esto?
¿no veis que es agraviarme,
vengarme vos, pudiendo yo vengarme?

GUZMÁN. Hecha donde yo estoy la demasía,
siempre la tomo yo por cuenta mía.

MACHÍN. Esto es hecho, allá va la vizcaína,[60]
que nunca vuelve sin hacer cecina.[61]

ESCENA VII
Los dichos y el Castellano en cuerpo con bastón.

CASTELLANO. ¡Ah soldados!

SOLDADO. Este es el Castellano.

CASTELLANO. ¡Téngase o vive Dios!

EL NUEVO CID. Obedeceros
es fuerza.

CASTELLANO. Envainen luego los aceros,
y cuéntenme qué es esto.

DON MIGUEL. Ya no es nada,
sobre palabras desnudé la espada

---

[59] "al Alférez" hace referencia al Nuevo Cid.
[60] Guzmán desenvaina su espada.
[61] "Cecina": Carne seca. Carne salada, enjuta y seca al aire, al sol, al humo.
(*RAE*)

	con el Alférez… *(Hablan en secreto.)*
MACHÍN.	*(Aparte.)* Buena la hemos hecho.
GUZMÁN.	No pude más, enfurecióme el pecho la ofensa de mi hermano: y de la sangre en ímpetu violento me arrebató el primer movimïento.
CASTELLANO.	Siendo así, Nuevo Cid, dadle la mano, que con sacar la espada, habéis quedado entrambos bien. *(Danse las manos el nuevo Cid y Miguel.)*[62]
EL NUEVO CID.	La mano os doy de amigo.
CASTELLANO.	También la habéis de dar a este soldado; porque si cuando os ofendió, tenía la daga ya en la mano, caso es llano,[63] que nadie a su enemigo agravia con las armas en la mano. *(Dale la mano a Guzmán.)* Y si hubo en ello alguna demasía, eso es lo que ha de obrar mi tercería.[64]
EL NUEVO CID.	Vos lo mandáis, respondo obedeciendo,[65] que sois mi superior, mas yo me entiendo, que no estoy obligado *(Aparte.)* sintiéndome agraviado, a guardar la amistad que he prometido.
SOLDADO.	Alférez, ¿vais herido?

---

[62] En las sueltas aparece: "Danse la mano el Alférez y Miguel."
[63] "llano": sencillo. (*RAE*)
[64] "tercería": Oficio o cargo de tercero. Persona que media. (*RAE*)
[65] "Vos lo mandáis, respondo obedeciendo" en F-K es un verso.

El nuevo Cid. Pienso que no. (*Vase.*)

Soldado. Debió de dar de llano
 como un nabo le parte, si la mano
 vuelve de filo: información ha hecho,
 que es el lampiño, hombre de pelo en pecho.⁶⁶ (*Vase.*)

Castellano. Agradézcalo soldado,
 que del Virrey me vino encomendado,
 que si no yo le hiciera
 con un trato de cuerda,⁶⁷ que supiera
 que no se ha de arrojar tan atrevido
 a perder a un alférez el respeto,
 que aunque no es oficial suyo, en efecto
 por el puesto que ocupa le es debido.
 Y vos mancebo, que también inquieto
 imitáis vuestro dueño, yo os prometo
 si dais otra ocasión, que os dé la pena
 escarmiento colgado de una almena. (*Vase.*)

Escena VIII
Solos Guzmán y Machín.

Machín. Y lo hará, vive Dios, como lo dice
 que no es hombre de burlar el Castellano.
 ¿Qué dices tu, señor?

Guzmán. Que ya lo hice,
 y que gustosa me quedó la mano
 del coscorrón que le asenté de llano;
 pero la noche viene, y el dinero
 de la cadena ha dado fin, y quiero,
 pedir otro socorro a mi doña Ana:
 el caballo preveen, que la mañana
 nos ha de hallar de vuelta en el castillo.

---

⁶⁶ En F-K: "El lampiño de ser de pelo en pecho."
⁶⁷ El Castellano lo amenaza con la horca.

MACHÍN. Yo voy a prevenillo
alegre, porque ver a Inés deseo,
y triste porque veo,
que me lleva en sus ancas tu caballo:[68]
y es tal la matadura,[69] y tanto el callo,[70]
que tengo ya de sus trotonerías,
que pienso que le llevo yo en las mías. *(Vanse.)*

ESCENA IX

DON MIGUEL. Si ofrecen los afectos naturales
de la oculta verdad claras señales;
¿qué conjetura o presunción más llana,
de que es esta mi hermana,
que el repentino ardor, y ciega furia
con que dio fuego al golpe de mi injuria?
Del natural amor y sentimiento
fue aquel involuntario movimiento,
que con la lengua respondió, y la mano,
al *soy mejor que vos, mentís villano.*
mas con otra experiencia,
tengo de confirmar por evidencia
mi sospecha, y podré determinarme
sin declarar mi afrenta, a declararme. *(Vase.)*

ESCENA X
Doña Ana, e Inés a la ventana.

DOÑA ANA. Ya no bastan las prisiones
de mi honor, y de mi fama,
a oprimir la ardiente llama

---

[68] "Ancas": Grupa de las caballerías. Cabalgando en las ancas de la caballería que monta otra persona. (*RAE*)

[69] "Matadura": Llaga o herida que se hace la bestia por ludirla el aparejo o por el roce de un apero. (*RAE*)

[70] "Callo": Dureza que por presión, roce, y a veces lesión se forma en tejidos animales o vegetales. (*RAE*)

                    de mis resueltas pasiones.[71]
                    Y en esto por cosa llana
                    tengo, Inés, que ha de afrentarme,
                    más en público casarme,
                    que en secreto ser liviana
                    que si Alonso de Guzmán
                    es en Lima forastero,
                    a quien su brazo, y acero
                    solamente nombre dan.
                    Que su sangre, y nacimiento,
                    y su calidad se ignora,
                    cuando mis desdenes llora,
                    y aspira a mi casamiento
                    el noble don Diego en vano,
                    claro está que era buscar
                    mi afrenta pública, dar
                    de esposa a Guzmán la mano.
                    Y así pues muero de amor,
                    resuelvo comprar la vida
                    con prenda que no es perdida
                    mientras se oculta el error.

INÉS.   Tanto te he visto penar,
                    que vence de tu tormento
                    la piedad, al sentimiento
                    de verte así despeñar.[72]
                    Y ya que a tan ciego efeto[73]
                    llegas a determinarte,
                    confía que he de ayudarte
                    con lealtad, y con secreto.

DOÑA ANA.   A lo mucho que te quiero
                    responde tu obligación.

---

[71] "resueltas": demasiado determinadas, audaces, libres, arrojadas. (*RAE*)

[72] "Despeñar": Precipitarse, desenfrenarse y entregarse ciegamente a pasiones, vicios o maldades. (*RAE*)

[73] Efecto.

INÉS. Gente viene.

DOÑA ANA. El corazón
me dice que es el que espero.

ESCENA XI

Doña Ana, Inés, Guzmán y Machín.

MACHÍN. Válgate el diablo el rocín,
y lo que me ha batanado.[74]

GUZMÁN. Tu eres para enamorado
muy delicado, Machín.
Pero ya es hora de ver
a mi querida doña Ana,
quiero hacer a la ventana,
la seña.

DOÑA ANA. No es menester.

GUZMÁN. ¿Aquí estás, hermoso dueño?
mi cuidado previniste.

DOÑA ANA. El pecho, en que amor asiste,
da breve tributo al sueño.

GUZMÁN. Tu desvelo ha adivinado
la necesidad que tengo
de abreviar puntos, que vengo
en confianza obligado,
a que la aurora ha de hallarme
en mi prisión.

DOÑA ANA. ¿Estás preso?

---

[74] "Batanar": sacudir, dar golpes a alguien o a algo. (*RAE*)

GUZMÁN.	Hice, señora, un exceso,
	que pienso que ha de costarme
	cuidado, y desasosiego,
	y dinero.
MACHÍN.	*(Aparte.)* Disparó.
DOÑA ANA.	Cuanta hacienda tengo yo
	tienes por tuya.
MACHÍN.	*(Aparte.)* Dio fuego.
GUZMÁN.	Pienso que me has de obligar
	a ser cobarde con eso,
	si en haciendo yo el exceso,
	tú, mi bien, lo has de pagar.
DOÑA ANA.	Yo estoy, Guzmán, con temor
	de que en la calle te vean,
	que hay muchos que la pasean
	desvelados de otro amor.
GUZMÁN.	¿Tan aprisa me despides?
DOÑA ANA.	No despido, antes te pido
	que no pongas en olvido
	los favores que me pides.
GUZMÁN.	Mérito es la cobardía,
	siendo tan alta la empresa.
DOÑA ANA.	Sin méritos se confiesa,
	quien amando desconfía.
	Y yo que conozco en ti
	los que bastan a vencerme,[75]

---

[75] En F-K: "Lo que bastara a vencerme."

| | resuelvo que entres a verme
| | para confesarlo así.
| | Y para que la ocasión
| | evite, que puedes dar
| | en la calle, de infamar
| | de liviana mi opinión.

GUZMÁN.   Favor tan no merecido
ya lo toco, y no lo creo,
que aún ocultando el deseo,
lo acusaba de atrevido.
Sólo temo, hermoso dueño,
tu peligro en mi ventura.

DOÑA ANA.   La oscuridad me asegura,
y a mi padre ocupa el sueño.
Con silencio en paso lento
por tinieblas seguirás
mis plantas,[76] y llegarás
sin peligro a mi aposento.

GUZMÁN.   Ya con la gloria que espero,
un punto a mil siglos pasa.

DOÑA ANA.   Voy a disponer la casa,
que matar las luces quiero
para más seguridad.
Aguárdame tú, y Machín
a la puerta.
(*Vanse Inés y doña Ana.*)

---

[76] "Mis plantas": Mis pies.

Escena XII
Guzmán y Machín

MACHÍN. Aquí dio fin
el voto de castidad.
Por Dios que he de ver ahora
si aguardas dispensación
a oscuras, y en la ocasión
con quien amas y te adora.

GUZMÁN. ¿Luego yo me he de poner
en el peligro?

MACHÍN. Pues ya,
cuando la ocasión está
en tus manos, ¿qué has de hacer?

GUZMÁN. El remedio es no aguardalla.

MACHÍN. Es agravio declarado.

GUZMÁN. Con lo mismo que has pensado
que la ofendo, he de obligalla.

MACHÍN. ¿Cómo?

GUZMÁN. El secreto, y recato
es la primer condición,
que ha puesto a mi pretensión;
pues en este breve rato,
que tarda en abrir, diré
que vino gente a la calle,
y que yo por no arriesgalle
la opinión, me retiré;
y que mostrando celosa
curiosidad, me siguieron,
y alcanzándome quisieron

	conocerme, y fue forzosa
	mi resistencia, y así
	duró la marcial porfía,
	hasta que la luz del día
	nos puso en paz, y de aquí
	levantaré una pendencia
	por celos, con que ni deje,
	ocasión de que se queje
	doña Ana de aquella ausencia;
	ni tenga por mal partido
	poderme desenojar.
MACHÍN.	Gente viene allí.
GUZMÁN.	Ayudar mis intentos han querido los cielos con la verdad, ven.
MACHÍN.	Pues por ti pierdo a Inés de participantes es tu voto de castidad. *(Vanse.)*

ESCENA XIII

Don Diego y don Juan de noche,
don Diego saca los guantes de Guzmán.

DON JUAN.	Parece que se retiran de la calle con cuidado, pues recelo os han causado sepamos por quién suspiran.
DON DIEGO.	Aunque intentemos seguirlos[77] es imposible alcanzarlos,[78]

---

[77] F-K transcribe "seguillos."
[78] F-K: "alcanzallos."

y pues los celos es darlos[79]
mucho mejor que perderlos.[80]
Guardemos la puerta, y calle
de doña Ana, y ellos vengan.
Dado caso que lo tengan
por agravio averiguarlo.[81]
Pues de creer es que aspiran
sino vuelven a otro amor,
o he de quedar superior,
si ofendidos se retiran.

DON JUAN.   Bien decís.

DON DIEGO.   Don Juan, callad,
que la puerta de doña Ana
siento abrir.

DON JUAN.   No ha sido vana
vuestra sospecha.

ESCENA XIV

Asómase doña Ana al patio, toma la mano de don Diego, y él a don Juan, y van por el teatro como a oscuras, don Diego se quita los guantes y los pone en la guarnición de la espada.

DOÑA ANA.   Llegad,
dadme la mano, y con tiento
seguid mis pasos los dos.

DON DIEGO.   *(Aparte.)* La que adoro es, vive Dios!
Gozar la ocasión intento.

DON JUAN.   *(Aparte.)* ¡Notable engaño!

---

[79] F-K: "dallos."
[80] F-K: "pedillos."
[81] En F-K: "averigualle."

Don Diego.   *(Aparte.)*   ¿Qué dudo?
　　　　　　Hoy tomo justa venganza,
　　　　　　y amor engañando alcanza,
　　　　　　lo que obligando no pudo.[82]

Don Juan.   *(Aparte.)* La perdida ocasión es
　　　　　　de los cobardes que huyeron;
　　　　　　y pienso, pues la perdieron,
　　　　　　llevar de barato a Inés.[83] *(Vanse.)*

Escena XV
Miguel y Teodora de ramera en chinelas.

Teodora.   Como te digo engañada
　　　　　　me trae toda la vida,
　　　　　　si ha hecho voto, o no ha hecho voto,[84]
　　　　　　y de la apostólica silla[85]
　　　　　　la relajación[86] aguarda,
　　　　　　y dilatando los días,
　　　　　　trae mi deseo engañado,
　　　　　　mi libertad oprimida.[87]
　　　　　　Y en tu valor confiada,[88]
　　　　　　que del rigor de su ira,
　　　　　　me libres, siendo sagrado
　　　　　　de mi libertad cautiva.

---

[82] Estos dos versos varían en las sueltas y en la edición de F-K. Así, en la primera aparece: "Y amor engañado alcanza, / Lo que obligando no pudo." Y en la segunda se transcribe: "Y amor engañado alcanza, / Lo que obligado no pudo."

[83] El perverso de don Juan habla de doña Inés como si ella fuera una prostituta.

[84] Si Guzmán ha hecho voto o no.

[85] En F-K: "Y de la romana silla."

[86] Relajar: En este caso Teodora con sarcasmo hace referencia a que Guzmán espera a que Roma le levante la obligación de su presunto voto.

[87] "Oprimida": Que está sometida a la vejación, humillación, tiranía de alguien." (*RAE*)

[88] F-K añade dos versos que no aparecen en las sueltas: "Con semejante desdicha / Espero con confianza."

Don Miguel.   Yo te lo ofrezco, no temas,
              que estando por cuenta mía,
              no se atreverá a ofenderte.

Teodora.   Tu Alférez le notifica[89]
              mi talento, que el fin del caso
              quiero aguardar escondida. *(Vase.)*

Escena XVI

Don Miguel.   ¿Qué falta para que entienda
              que es mi hermana Catalina,
              este fingido Guzmán?
              ¡Qué un mozo a quien solicitan
              la ocasión bella mujer,
              y la edad más encendida.
              Por el voto, no es creíble
              que a los impulsos resista
              de los deleites de Venus;
              y más cuando de su vida
              en lo demás sus costumbres,
              de santo no lo acreditan!
              Pues si con esto se junta
              la natural simpatía
              con que mi ofensa sintió,
              si el retrato lo confirma,
              si Teodora con no estar
              desta sospecha advertida
              dice que no sabe en qué
              nuestros rostros simbolizan,
              ¿qué indicios más evidentes,
              qué señales más precisas
              para resolverme espero?

---

[89] En F-K: "Tu, alférez, le notifica."

Escena XVII
Miguel, Guzmán y Machín.

GUZMÁN. Pon al caballo la silla
mientras escribo a doña Ana
las ocasiones fingidas
de la que perdí esta noche.

MACHÍN. Entre amores, y mentiras
toca el punto del dinero:
vende caras tus caricias,
ya que me obligas a ser
lanzadera de aquí a Lima.[90] *(Vase.)*

Escena XVIII

DON MIGUEL. *(Aparte.)* Ya que a solas he quedado,
pues la ocasión me convida,
saldré de esta confusión; *(a Guzmán.)*
Guzmán, a buscaros iba.

GUZMÁN. ¿Hay en qué os sirva?

DON MIGUEL. El Alférez,
que agraviado se imagina,
dice, que la mano dio
forzado de quien podía
mandarlo, y las amistades
en tal caso no le obligan;
y para satisfacerse
dos a dos nos desafía,
y en el campo nos aguarda.

---

[90] "Lanzadera": Medio de transporte rápido de ida y vuelta, y periodicidad frecuente entre dos ciudades. (*RAE*) Machín lo emplea metafóricamente pues su amo lo tiene de corre-ve-y-dile entre él y doña Ana, se siente como una "lanzadera."

GUZMÁN.	En poco tiene la vida:
vamos presto, no atribuya
la tardanza a cobardía.

DON MIGUEL.	Seguidme, que no están lejos.
(*Aparte.*) ¿Cómo es posible que viva
en un pecho mujeril
tan varonil osadía
si cuantos espada empuñan
en la guerra, y paz afirman
que salir a un desafío
es la mayor valentía
mas si cuentan las historias,
ya modernas, y ya antiguas,
tantas matronas, jamás
de humanas fuerzas vencidas,
que mucho que las iguale
una mujer vizcaína,
engendrada entre las duras
montañas, que el hierro crían?

GUZMÁN.	¿Dónde están nuestros contrarios?
que largo trecho la vista
del campo raso descubre,
y no parecen.

DON MIGUEL.	Por dicha
no han llegado; el sitio es éste.

GUZMÁN.	(*Aparte.*) Recelos me solicitan
de algún engañoso intento
de mi hermano, que la misma
conciencia, aunque nadie pudo
de quien soy darle noticia,[91]
en la mayor confianza

---

[91] "Noticias", en la edición de F-K.

| | me acusa y atemoriza.
| | Pero no he de declararme
| | aunque me cueste la vida.

DON MIGUEL. *(Aparte.)* Usar quiero de cautela;
que si no es quien imagina
mi pecho, no me está bien
que sepa la afrenta mía;
(A Guzmán.)
cansado vengo de andar
por esta playa arenisca.
Asentémonos pues tarda,
*(Siéntese Miguel a una parte del teatro y
Guzmán a la otra lejos de él.)*
el Nuevo Cid.

GUZMÁN.   Poco estima
su opinión, pues tanto tarda.

DON MIGUEL. *(Aparte.)* Con cuidado se retira
de mí, cierta es mi sospecha;
su recelo la confirma;
(A Guzmán.) ¿por qué os asentáis tan lejos?[92]
que mientras vienen querría,
que vuestra patria, y discurso,
me contéis de vuestra vida.

GUZMÁN. Desde aquí os lo contaré,
que esta peña me convida[93]
con asiento acomodado.

DON MIGUEL. El ruido, que en la orilla
del mar, forma la resaca,
en las peñas combatidas,
nuestras voces desvanece,

---

[92] En las sueltas y en F-K: "¿Porqué […]?"
[93] "Peña": piedra grande sin labrar, según la produce la naturaleza. (*RAE*)

y hablar a gritos obliga
para entendernos; mas yo
quiero que esta cortesía
me debáis ...
(*Lenvántase, va hacia Guzmán y
Guzmán se levanta, y empuña la espada.*)

GUZMÁN.   Teneos, Alférez.[94]

DON MIGUEL. ¿Qué hacéis, Guzmán?

GUZMÁN.   No prosigan
vuestros pies; no os acerquéis,
porque os quitaré la vida.

DON MIGUEL. ¿De mí os receláis?

GUZMÁN.   Si he hecho
en España, y en las Indias
mil excesos, mil injurias,
y agravios mil ¿qué os admira;
que me recele, de quien
no conozco si podría
tocaros en sangre alguna
persona de mí ofendida?
Y más cuando contra vos
esta sospecha acredita
del nuevo Cid la tardanza;
¡qué sé yo! si como mira
los escrúpulos del duelo
tan curiosa la malicia
os ofendisteis de mí
cuando pensé que os servía,
vengando en él vuestra injuria,
pues en la pendencia misma

---

[94] "Teneos" de 'tener'. En este contexto significa 'deternerse." (*RAE*)

      deste sentimiento distes[95]
      señales tan conocidas.

DON MIGUEL. Guzmán, Guzmán, todas esas
      son ficciones que fabrica
      para ocultar la verdad
      vuestro pecho, que imagina,
      que la ignoro; hablemos claro
      yo tengo cierta noticia
      de vuestro mentido traje,
      de Vizcaya me lo avisan
      con señas, y con retratos,
      que vuestro engaño averiguan,
      aquí los traje, que quiero,[96]
      que entre los dos se decida,[97]
      el remedio con secreto,
      poned en esto la mira,
      sin perder tiempo en negar,
      lo que a no ser tan precisas
      las probanzas que lo muestran,
      vuestros temores publican.

GUZMÁN.   Ni entiendo vuestros intentos,
      ni alcanzo vuestras enigmas.
      Mas pues las razones muestran,
      que vuestro pecho delira,
      quiero dejaros por loco.

DON MIGUEL. (*Quiere irse, y la detiene.*)
      Vuelve, vuelve, Catalina,
      que no te he sacado aquí
      para dejar indecisa
      la cuestión, yo estoy resuelto
      a que desta playa misma,

---

[95] En F-K: "disteis."
[96] En las sueltas y en F-K: "truje."
[97] En las sueltas: "Decía," sigo la transcripción de F-K: "decida."

sin plazo, ni dilaciones
en un convento de Lima
he de partir a encerrarte,
o he de quitarte la vida,
porque no hagas más afrenta
a la nación vizcaína.

GUZMÁN. *(Aparte.)* Ya se declaró, perdone
la sangre, que sólo estriba
en el acero el remedio;
(A Miguel.) sospecho que se os olvidan
las hazañas deste brazo,
pues que tan loca osadía
nombre de mujer me daïs;
y si a provocarme la ira,[98]
no bastara la violencia
que pretendéis, bastaría
sólo este agravio a obligarme
a que el fuerte acero esgrima.[99]
(Acuchíllense.)
Para mostraros que es hombre,
y más que hombre, quien fulmina
rayos, que espanta el cielo,
y que la tierra castigan.
([Miguel] cae herido.)

DON MIGUEL. ¡Tente, tente, que me has muerto!

GUZMÁN. *(Aparte.)* ¡Ay de mí! ya me lastima
el amor de hermano; *(A Miguel.)* ponte
en mis hombros, y a esa Ermita
te llevaré a confesar,
(Cógele en hombros.)
que el ser cristiano me obliga
a que con piadoso afecto

---

[98] En F-K: "Y si a provocar mi ira."
[99] En F-K: "Y a que el fuerte acero esgrima."

el remedio te perciba
del alma, ¡ojalá pudiera
darle también a la vida!

Jornada II

Escena I
Inés con manto y una carta, y Machín
con botas y espuelas, dale la carta a Machín.

INÉS. Esta, Machín, es la carta
para tu señor.

MACHÍN. Inés,
sólo falta que me des,
para que aliviado parta
esos brazos.

INÉS. Yo los doy[1]
con el alma.

MACHÍN. Aprieta más.

INÉS. ¿Al fin, a Chile te vas?

MACHÍN. A Chile me voy, al fin:[2]
mas tente, que si el amor
no me engaña, es mi señor
el que estoy viendo.

Escena II
Guzmán con un penacho en el sombrero
con plumas blancas, y verdes.[3]

GUZMÁN. ¡Machín!

---

[1] En F-K: "Yo os los doy."
[2] F-K añade un verso: "Al fin a Chile me voy / A ser nuevo paladín."
[3] Esta acotación no aparece en F-K.

MACHÍN.	¿Es posible que te veo, señor de mi vida?
GUZMÁN.	Inés, ¿no me abrazas?
INÉS.	Con los pies satisfaces mi deseo a ganar de mi señora las albricias voy volando.[4]
GUZMÁN.	Espera, Inés, dime, ¿cuándo la podré ver?
INÉS.	No hay ahora quien lo impida, que la muerte sepulta a su padre ya; y la suya sola está en la dilación de verte. Ven conmigo.
GUZMÁN.	Ya te sigo. *(Vase.)*

ESCENA III
Machín y Guzmán.

MACHÍN.	Esta carta te escribía doña Ana, y hoy me partía a Chile, a buscar contigo la vida, o sin ti la muerte. *(Dale la carta, y Guzmán la abre, y lee.)*
GUZMÁN.	Yo me confieso obligado de tu amor.

---

[4] "albricias": Ser el primero en dar una buena noticia al interesado de ella. (*RAE*)

MACHÍN.   Yo lo he quedado
de tu venida a la suerte,
pues que te dije del trote
de un rocín. Mas ya, señor, di,
¿pasan los días por ti?
con un palmo de bigote
te imaginaba, ¿y te vienes
tras la ausencia de tres años
calvo de barba?[5] ¿qué baños,
qué ungüentos, qué drogas tienes
para no barbar? que quiero
verme libre de una vez
de irle a entregarle la nuez
cada semana a un barbero.

GUZMÁN. Machín, si tengo de hacello,[6]
procúralo merecer,
porque no lo has de saber
mientras me tratares dello.

MACHÍN. ¿De modo que lo dirás
si no lo pregunto?

GUZMÁN.   Sí.

MACHÍN. Pues digo que desde aquí
no lo pregunto jamás;
pero ya tu hermosa amante
a recibir se te ofrece.

ESCENA IV
Ana y Inés, vala a abrazar Guzmán, y ella lo detiene.

GUZMÁN. Si tus abrazos merece,

---

[5] Sin barba.
[6] En sueltas "hacerlo" pero la corrección es necesaria para mantener la rima con "dello."

	señora, un amor constante.
DOÑA ANA.	Detente, Guzmán.
GUZMÁN.	¿Qué es esto?
DOÑA ANA.	Solo nos dejad los dos.[7]
INÉS.	Vamos, Machín. (*Vase.*)
MACHÍN.	Vive Dios, que la larga ausencia ha puesto muy mal acondicionado esto juro, y no querría, que tú también Inés mía, la finca hubieses mudado. (*Vase.*)

ESCENA V

GUZMÁN.	Ya estamos solos, ahora ¿podré merecer los brazos, cuyos amorosos lazos, firmemente el alma adora, tras tanta ausencia, doña Ana?
DOÑA ANA.	Escucha primero el daño, de que fue causa un engaño, la noche que a la ventana te hablé, que fue la postrera de tu vista, y mi contento, como fue de mi tormento, y tu agravio la primera: que puesto que me has escrito por disculpa, que el respeto de mi fama, y el secreto

---

[7] Dejadnos solos a los dos.

de tu amor, causó el delito
de no aguardar la ocasión
de entrarme a ver; porque había
gente en la calle, y sería
atropellar mi opinión.
Yo, porque no es bien fiar
tan grave caso a un papel
no quise decirte en él
lo que ahora has de escuchar:
porque el remedio te toca,
como en el caso verás,
que de otra suerte jamás
rompiera el sello a la boca.

GUZMÁN.   Señora, el siguiente día
de esa noche, que por ti,
y por tu opinión perdí
la ocasión, que el alma mía
tan largo tiempo ha llorado,
salí al campo con Miguel
de Erauso, y riñendo en él,
fue el Alférez desdichado
más que yo, pues de una herida
penetrante que le di,
entre la sangre le vi
casi despedir la vida.
Deste suceso obligado
me partí solo, y a pie
desde allí, que aún no avisé[8]
a Machín, este criado;
mi compañero fiel
en los bienes, y los daños,[9]
causa de que estos tres años
haya vivido sin él

---

[8] En F-K: "Desde allí, que ni avisé."
[9] En F-K: "En los bienes, y en los daños."

en Arauco,[10] a donde huyendo
llegué al fin, y no escribí,
señora, a Machín, ni a ti
en muchos meses, temiendo
que descubrirme podrían
las cartas, que los discretos
nunca importantes secretos
de frágil nema confían;[11]
hasta que después sabiendo,
que sanando de la herida
Miguel de Erauso, y la vida
de una enfermedad perdiendo,
llegué, doña Ana, a tener
seguridad, y con esto
me dispuse lo más presto,
que pude venirte a ver.
Estos han sido los pasos
de mi ausencia, y mis enojos
y la gloria de tus ojos
me han impedido estos casos.
Cuenta ahora confiada
los tuyos, pues ofrecida
tengo a tu gusto la vida,
y a tu defensa la espada.

DOÑA ANA. Después que de la ventana
me aparté, Guzmán, y muertas
las luces, mi casa toda
ocuparon las tinieblas.
A cumplir lo concertado
contigo, volví a la puerta
de la calle, abrí, y dos hombres
hallé parados en ella.
Tú, y Machín, érades dos;

---

[10] "Arauco" = Chile.

[11] Del latín nema – nematis: Hilo de una trama. (*Diccionario Crítico Etimológico*)

¿quién recelarse pudiera,
si en el número conforman,
y en aguardarme concuerdan?
Dame la mano, y los dos
me seguid, dije, y apenas
lo pronunciaron mis labios,
cuando tan callados llegan,
me dan la mano, y me siguen,
que si mil causas tuviera
de recelarme, esto sólo
desmintiera las sospechas.
Mientras las confusas sombras,
hasta mi cuarto penetran;
la oscuridad, y el silencio
sus engaños lisonjean.
A mi retrete[12] llegamos,
cierro muy quedo la puerta,
y el que tengo por mi dueño
dentro conmigo se queda,
dejando al que imaginaba
que era tu criado, fuera
con Inés, por darla a solas
a nuestro amor más licencia.
El traidor nada cobarde,
las persuasiones empieza,
por las obras, y a las manos
da el oficio de la lengua:
es verdad que me tenía
el amor tuyo tan ciega,
que fuera en mi rendimiento
fingida la resistencia.
Mas al [a]brazo primero,
su persona corpulenta,
de la tuya delicada
me ofreció la diferencia,

---

[12] "Retrete": Cuarto pequeño de una casa o habitación, destinado para retirarse. (*RAE*)

y para certificarme,
tócole el rostro, y las señas
varoniles hallo en él,
que tu poca edad te niega.
Entonces ¡ay desdichada!
cada vez que se me acuerda,
entre nuevas turbaciones,
faltan al pecho las fuerzas,
como a la mísera nave
en la confusa tormenta,
mortal naufragio amenazan,
ya las olas, ya las peñas,
encontrados pareceres
me animan, y me refrenan,
cada vez más afligida,
cada vez menos resuelta,
si me doy por entendida
del engaño ha de ser fuerza
resistir, y aunque aventure
la vida en la resistencia,
que rendirme, confesando
que no le conozco, fuera
consintiendo mi deshonra,
confesarle mi flaqueza.
Si resisto, si doy voces,
si llamo a mi padre, es cierta,
como su agravio, mi muerte,
como mi culpa, mi afrenta.
Demás que en su edad caduca,
y en sus ya débiles fuerzas,
dos hombres, cuya osadía
se conoce en lo que intentan.[13]
¿Qué muerte no ejecutaran?
y mas donde las tinieblas[14]
facilitan su delito,

---

[13] F-K transcribe: "Se conoce en la que intentan."
[14] "las tinieblas": la oscuridad.

y aseguran su defensa.
Al fin, tras discursos varios,
si discurre,[15] quien se anega,[16]
y camina, quien sin luz,
tropieza en troncos, y peñas.
Por menor daño tuvieron
mis temores que me hiciera,
no entendida del engaño,
que entendida de la ofensa,
que no pudiendo vengarla,
pierde menos quien se muestra,
ignorante con disculpa,
que sentido con afrenta.
Y así para dar color
de virtud a mi flaqueza,
mintiendo amorosos gustos,
fingiendo palabras tiernas,
y llamándole mi esposo,
legitimé la licencia
de entregarle de mi honor
la posesión que desea.
Mas como aquel que a la orilla
del hondo lago forceja,
con las homicidas aguas[17]
entre la muerte conserva
el cuidado de la vida,
y un junco, o rama pequeña,
ansioso prende, librando
el postrer remedio en ella.
Así yo entre las congojas,
entre las ansias, y penas
de la muerte de mi honor
al agresor de mi afrenta,
para poder conocerlo,

---

[15] "Discurre" del verbo 'discurrir': inferir, conjeturar. (*RAE*)
[16] "Anega" del verbo 'anegar': Abrumar, agobiar. (*RAE*)
[17] En F-K: "Con las procelosas aguas."

para señal de la deuda
para testigo del daño,
quitar procuré una prenda.[18]
La turbación, el recato,
y el temor de que entendiera
mi intención, no permitieron
más curiosa diligencia
de la que bastó a quitarle
unos guantes, porque es fuerza
contentarse con la suerte,
donde la elección se niega.
Mas por aumentar mis males
te obligó mi suerte adversa
a ausentarte de este Reino
antes que a verme volvieras,
siendo el silencio forzoso
hasta verte, porque fueran
tres siglos de infierno mío
los tres años de tu ausencia.
(*Muéstrale los guantes.*)
Estos, Guzmán, son los guantes,
si conocerlos confiesas,
y del donatario aleve,
a quien los distes te acuerdas;
sino pretendes sufriendo
tan claro agravio, que entienda
que fuiste cómplice injusto
de su engaño, y de mi afrenta
su castigo mi remedio,
y tu venganza prevenga
tu valor que nunca supo
sufrir livianas ofensas;
pues fue ladrón de tu gloria,
y causador de mi pena,
y siendo yo tuya, corren

---

[18] En F-K: "Procuro."

mis agravios por tu cuenta.

GUZMÁN. *(Aparte.)* Don Diego sin duda fue
el agresor, bien lo prueban
los guantes, y ser amante
de doña Ana, que ni fuera
de su puerta, y de su calle
a tal hora centinela,
ni emprendiera tal exceso,
sino que en amor tuviera;
y si supo que me hacía
a mí el agravio, me fuerza
mas que a remediar el daño,
a vengarme de la ofensa.
(*A doña Ana.*) Doña Ana sola una cosa,
para que el modo resuelva
del remedio, o la venganza,
es forzoso que me adviertas:
¿Nombrásteme aquella noche?
¿el ladrón de tu belleza
pudo entender que era yo
a quien hurtaba tus prendas?

DOÑA ANA. No me acuerdo, si primero
que el engaño conociera
te nombré, que como estaba
de tan gran traición ajena,
quitó la seguridad
como el cuidado a la lengua,
la atención a la memoria.
Pero después, yo estoy cierta,
de que tu nombre oculté,
y con la misma advertencia,
Inés, en desconociendo
el compañero, refrena
los labios, no sé si fue
de medrosa o de discreta.

GUZMÁN. Dame los guantes, y fía,
que han de faltar las estrellas
a la noche, luz al sol,
agua al mar, centro a la tierra.
O has de ver, aunque al traidor
el mismo infierno defienda,
su castigo ejecutado,
o tu opinión satisfecha.

DOÑA ANA. (*Dale los guantes.*) Dime, ¿quién es mi enemigo?

GUZMÁN. Primero quiero que sepas
de mi valor el efecto,
que el causador de tu afrenta;
porque según lo deseo,
de ti misma se recela
mi pecho, y la confianza
deste secreto te niega,
porque no llegue primero
que la ejecución, la nueva
de mi enojo, a los oídos
de quien vengarte deseas.

DOÑA ANA. Prevención es de tu amor,
y de tu valor fineza.[19]

GUZMÁN. Más debo a la confianza
con que tu honor me encomiendas. (*Vanse.*)

---

[19] "Fineza": Acción o dicho con que alguien da a entender el amor y benevolencia que tiene a otra persona. (*RAE*)

ESCENA VI
Salen don Diego y don Juan.

DON JUAN. Tanto admiro, que constante
tres años le hayáis[20] querido,
como que no hayáis[21] podido
descubrir quién fue el amante
que aquella noche esperaba.

DON DIEGO. Mucho puede en mí el honor,[22]
pues no me vence el amor,
que si primero la amaba,
después acá he enloquecido.
Mas idos con Dios, don Juan,
porque Alonso de Guzmán,
que me dicen que ha venido,
voy a ver.

DON JUAN. Yo no iré,
por andarme despachando[23]
para España acompañando. *(Vase.)*

DON DIEGO Esta noche os buscaré.

ESCENA VII
Sale Guzmán con el penacho en el sombrero.

GUZMÁN. Señor don Diego.

DON DIEGO. ¿Que os veo,
Guzmán?

---

[20] Sigo a las sueltas. En F-K: "hayas."
[21] Sigo a las sueltas. En F-K: "hayas."
[22] En F-K: "Mucho en mí puede el honor."
[23] Del verbo 'despachar': Abreviar, concluir un negocio u otra cosa. (*RAE*)

| GUZMÁN. | Apenas llegué
cuando os busco. |
|---|---|
| DON DIEGO. | No podré
significar el deseo
que de veros he tenido. |
| GUZMÁN. | En esta ausencia fiad,
Don Diego, de mi amistad,
que lo que más he sentido
es de carecer de vos. |
| DON DIEGO. | Por más que lo encarezcáis,
sé que a deberme quedáis. |
| GUZMÁN. | Si hemos de apostar los dos
a finezas, yo querría
que me dijérades antes,
que hicisteis de aquellos guantes,
que cuando a servir partía,
al punto, por prenda os di
de amistad, y de memoria. |
| DON DIEGO. | ¿Importa para la historia,
que os dé cuenta dellos? |
| GUZMÁN. | Sí,
que viendo que vuestro pecho
tanto llega a encarecer
su amistad, quiero saber
la estimación que habéis hecho
de mis prendas, pues conmigo
tanto las vuestras valieron,
que ni los años pudieron,
ni del bárbaro enemigo,
la batalla más reñida,
y sangrienta hacer jamás, |

| | que no defendiese más
estas plumas, que esta vida. |
|---|---|
| Don Diego. | Si estuviera el defender,
el conservar, y estimar
las vuestras en arriesgar
la vida, podréis creer,
que despreciara la muerte.
Mas como son siempre vanas
las prevenciones humanas
contra el orden de la suerte,
fue la misma estimación
que de los guantes hacía,
pues conmigo los traía,
de perderlos la ocasión. |
| Guzmán. | Ya por lo menos mostró
el cuidado que he tenido,
Don Diego, que vencido[24]
en no descuidarme yo.
Pero ya que no podéis
vencido en esto negar,
hay ocasión de cobrar,
en las albricias que deis
por cobraros la opinión
que perdisteis en perderlos,[25]
ved lo que daréis por ellos
en hallazgo que estos son:
(*Muéstraselos.*)
¿Conocéislos? |
| Don Diego. | Sí, Guzmán,
que por las señas que ofrecen
son ellos o lo parecen. |

---

[24] En F-K:"Don Diego, que (os) he vencido."
[25] En F-K: "perdellos."

GUZMÁN.	Pues ya, don Diego, quedan
reconocidos, probanza
del suceso que sabéis,
sólo quiero que me deis
de hallazgo la confianza
de una secreta verdad;
en cuya declaración
mostraréis la estimación
que tenéis de mi amistad.
Supuesto que sé la historia,
pues sé que donde perdistes
estos guantes, conseguistes
en nombre ajeno la gloria
mayor, que el amor alcanza;
dando la noche ocasión
a hurtarle su posesión[26]
por engaño [a] otra esperanza.[27]

DON DIEGO.	*(Aparte.)* ¡Qué escucho! ¿qué se ha sabido
por los guantes mi secreto?
¡causa de tan grave efecto
indicio tan leve ha sido!
El yerro ha estado en decir
que los perdí, pues con eso
conforma en parte el suceso.
Mas ni pude prevenir
el daño de confesarlo,
ni advertí que los perdí
la noche que cometí
el delito, que a olvidarlo
fueron tres años bastantes
que han pasado.

GUZMÁN.	 Si el dudar,
es especie de negar:

---

[26] Robar su virginidad.
[27] En F-K: "A hurtar su posesión / Por engaño a otra esperanza."

de tres puntos importantes
quiero, don Diego, avisaros,
para que os determinéis.
El uno, pues que sabéis
que sé el caso, el recelaros,
y negarme, es quitarme
la obligación de callar;
y al contarlo, es confiar
de mí el secreto, obligarme
a guardarlo,[28] y dello os doy
la palabra; lo segundo,
en que con más causa fundo
lo que pidiéndoos estoy;
es, que sabe el agraviado
que fuisteis vos el ladrón
de su perdida ocasión;
y que está determinado
a mataros, y no haréis
fácilmente que no goce
la ocasión que él os conoce,
y vos no le conocéis.
Lo tercero, que yo estoy
en el caso de por medio,
y os advertiré el remedio,
porque vuestro amigo soy,
con que os declaréis conmigo,
que en cambio dello os prometo,
que debajo de secreto
os diré vuestro enemigo.

DON DIEGO.   Lo que referís confieso
que es verdad que confesarlo,
es lo mismo que contarlo,[29]
pues sabéis todo el suceso.
Y así pues de vos me fío,

---

[28] En F-K: "aguardallo."
[29] En F-K: "contallo."

	resta ahora que cumpláis
vuestra palabra, y digáis
quien es el contrario mío,
y el medio que prevenís
para que me aseguréis.
GUZMÁN.	El contrario que tenéis
soy yo.
DON DIEGO.	¿Qué decís?[30]
GUZMÁN.	Que yo soy a quien hurtasteis[31]
la ocasión, yo quien estaba
en la calle, y aguardaba
la gloria que vos gozasteis.
Que advirtiendo que venía
gente entonces, fue en mi amor
retirarme por su honor,
decoro, y no cobardía.
Que la primer condición,
que me puso, y prometí,
cuando el alma le ofrecí,
fue mirar por su opinión.
Y pues sabréis mi valor,[32]
satisfecho puedo estar,
de que no podréis pensar
que lo hice de temor.
Y ya que sabido habéis
que soy yo quien la ha perdido;
el remedio es ser marido
de quien el honor debéis.
DON DIEGO.	Pluguiera a Dios que pudiera,

---

[30] En F-K: "Guzmán, ¡qué decís!"
[31] En sueltas: "hurtaste" pero creo necesario seguir a F-K para que rime con "gozasteis."
[32] En F-K: "sabéis."

				sin que mi opinión manchara,
				pues que su deuda pagara,
				y mi amor satisfaciera.
				Mas admírame, Guzmán,
				que en tan poco me tengáis,
				que en casarme pretendáis
				con quien tuvo otro galán.

GUZMÁN.		Si por tener otro amante
				honor hubiera perdido,
				¿os hubiera yo ofendido
				con demanda semejante?
				Mas supuesto que no infama
				siendo lícito el favor,
				y sólo daña al honor
				la ejecución, o la fama.
				Justa es esta pretensión,
				pues que yo en su pensamiento
				alcancé sólo el intento,
				pero vos la ejecución.

DON DIEGO.		¿Lícito favor llamáis
				el que le determinó
				a las obras, y os abrió
				como aquí me confesáis,
				y probé con la experiencia,
				la puerta?

GUZMÁN.					¿Si me llamaba
				ya su esposo, no le daba
				el honor esa licencia?

DON DIEGO.		Sí, mas de eso mismo arguyo
				lo que conmigo perdió,
				que si a vos Guzmán os dio,
				nombre de marido suyo,
				y aquélla noche os abría

                        su casa, con esa fe,
                        ¿cómo me aseguraré
                        de que otra vez no haría
                        el mismo amoroso exceso
                        con vos?

GUZMÁN.   Esa es presunción
                        bien fundada, y con razón
                        habéis reparado en eso;
                        mas si os dejo satisfecho
                        en esa parte ¿seréis
                        su esposo?

DON DIEGO.   ¿Cómo podéis,
                        donde en vuestro mismo hecho
                        vos no valéis por testigo?

GUZMÁN.   Pues si es imposible hagamos,
                porque el caso resolvamos,
                un contrato: yo me obligo,
                si no os satisfago, a daros
                por libre de que os caséis,
                con que vos os obliguéis
                si os satisfago, a casaros,
                con que guardéis un secreto
                que de vuestro valor fío,
                ¿lo guardaréis como mío?

DON DIEGO.   Como quien soy lo prometo.

GUZMÁN.   Sabed, pues, don Diego amigo,
                que yo soy mujer.

DON DIEGO.   ¿Mujer?
                valor que supo vencer

en campaña al enemigo[33]
tantas veces, que aún excede
el crédito a la opinión,
y esperanza del varón
más valiente, ¿cómo puede
ser hijo del frágil pecho
de una mujeril flaqueza?
Y ya que naturaleza
tan gran milagro haya hecho,
¿cómo se pudo encubrir
tanto tiempo, o qué ocasión
en el traje de varón
os ha obligado a servir
en la guerra? y si adoráis
a doña Ana ¿he de creer,
que amáis siendo mujer,
otra mujer? no queráis
acreditar imposibles.

GUZMÁN. Mi historia, y las ocasiones
de tales transformaciones,
y casos tan increíbles
con atención escuchad,
que en ellas conoceréis
de la novedad que veis
el engaño, o la verdad.
En San Sebastián, que es villa,
en la Provincia soberbia[34]
Vizcaína; la más rica,[35]
a quien el mar lisonjea;
pues que llega a sus murallas
a contribuir las perlas,
si bien de las olas se hacen,
y olas después quedan hechas.

---

[33] "En campaña": en guerra.
[34] "Soberbia": Aplicado a cosas, significa magnífico/a. (*Moliner*)
[35] En: F-K: "Guipuzcuana."

Nací, don Diego, mas ¿cómo
te podrá decir mi lengua,
que nací mujer? perdone
mi valor tan grave ofensa.³⁶
Nací mujer en efeto,
de antigua, y noble ascendencia,
es mi nombre Catalina
[de] Erauso, que mi nobleza
me dio este noble apellido,
bien conocido en mi tierra.
En la edad, pues, si se escucha,
que es cuando la lengua apenas
dicciones distintas forma,
juzgaba naturaleza
violenta en mí, pues desnuda
de la mujeril flaqueza
en acciones varoniles
me ocupaba, haciendo afrenta
a Palas,³⁷ cuando vio a Venus³⁸
pasar los muros de Grecia.
La labor que es ejercicio³⁹
de la más noble doncella,
la trocaba por espada,
las cajas⁴⁰ y las trompetas
me daban mayores gustos
que las músicas compuestas.
Pero mis padres mirando
en mi condición tan fiera,

---

³⁶ En: F-K: "Grande ofensa."

³⁷ "Palas es un epíteto ritual de la diosa Atenea, conocida con frecuencia con el nombre de Palas Atenea. Una leyenda de época tardía relata la historia de una Palas, independiente de la diosa, y que fue hija del dios Tritón. Ateneas habría sido educada con ella, joven aún y le habría dado muerte accidentalmente." (*Diccionario de Mitología Griega y Romana*).

³⁸ "Divinidad latina muy antigua que, en sus orígenes, parece haber sido protectora de los huertos. [...]" (*Diccionario de Mitología Griega y Romana*)

³⁹ se refiere al hilado.

⁴⁰ "Cajas": tambor. (*RAE*)

en un convento, que es freno
de semejantes soberbias,
me metieron. ¡Ay don Diego!
¿quién explicarte pudiera
la rabia, el furor, la ira,
que en mi corazón se engendra
en ocasión semejante?
mas remito estas certezas
a las violentas acciones
que has visto en mí en esta tierra.
Once meses, y once siglos
pasó allí mi resistencia,
casi a imitación del fuego,
cuando le oprime la tierra.
Mas viendo que se llegaba
la ocasión, en que era fuerza
hacer justa la profesión,
ayudada de tinieblas
y femeniles descuidos,
dejé la clausura honesta,
quiero decir el convento,
y penetrando asperezas,[41]
montes descubriendo y valles,
troqué el vestido, que alientan
las desdichas con venturas,
cuando los males comienzan.
Llegué a la Corte, y don Juan
Idiaquez, que entonces era
presidente, conociendo
mi vizcaína nobleza,[42]
teniéndome por varón,
por paje me admite, a fuerza
de peticiones que hice
por obligar su grandeza.
Supo todo esto mi padre,

---

[41] "Asperezas": Lugares deshabitados.
[42] En F-K: "Mi guipuzcuana nobleza."

vine a Madrid, más resuelta,[43]
y animosa, a Madrid trueco
por Pamplona, ciudad bella.
A don Carlos de Arellano
serví en ella, mas la ofensa
de un caballero atrevido,
a quien di muerte sangrienta,
me ausentó de allá, partí
a la ciudad a quien besa
el Betis los altos muros,[44]
Sevilla al fin, Real palestra
de los que siguen a Marte;[45]
al fin, seguí a Marte en ella
en la Armada me embarqué
indiana, llegué a la tierra
que a España la fertiliza
de oro que cría en sus venas.
Hubo con el Araucan[o][46]
soberbia sangrienta guerra;
hálleme en ella, mostré
el valor que en mí se encierra:
yo sola en la escaramuza
que vi trabada primera,
maté, mas esta alabanza
díganlo bocas ajenas,
que yo no te diré más
de que en la ocasión primera,
me dio don Diego Sarabia
de sargento la jineta,[47]
y después no pasó mucho,

---

[43] "Resuelta": Demasiado determinado, audaz, arrojado, libre. (*RAE*)
[44] El río Guadalquivir.
[45] Martes: Dios de la guerra.
[46] En las sueltas: "Auracana."
[47] En las sueltas Y en F-K: "gineta": lanza corta con el hierro dorado y una borla por guarnición, que en lo antiguo era insignia de los capitanes de infantería. (*RAE*)

me honraron con la bandera[48]
que honró a Gonzalo Rodríguez,
muertos a las manos soberbias
de bárbaros araucanos,
puesto que su muerte cuesta
muchas vidas a los Indios,
y a mí heridas inmensas,
que en mi pecho, si las miras,[49]
te darán clara evidencia.
Puse en el rostro la mano
de un caballero, y fue fuerza
venirme a Lima, don Diego,
a donde doña Ana bella,
juzgándome por varón
amor y afición me muestra.
Gocé un año sus favores,
y al cabo dél representa
vuestro amor, el sentimiento
de que yo la adore, y quiera.
Dejé a Lima, fuime al Puerto,
para que vos con mi ausencia
gozásedes más favores,
aunque aquella noche mesma
la volví a ver, y esta vista
fue causa que vuestra sea,
con el engaño, don Diego,
que vos sabéis, mas no es esta
ocasión de dilatar,
lo que mi razón intenta.
A Lima he vuelto obligada
de mi desdichada estrella,
que en impulsos de mi espada
tiene sus acciones puestas.
Tres años ha que este caso
sucedió, y ella me ruega,

---

[48] Me hicieron Alférez.
[49] En F-K: "Que si en mi pecho las miras […]"

        como causa de este error,
y principio de esta pena,
que por su honor vuelva, y mire;
aquesta es forzosa deuda
en mí, pues que di ocasión,
a que su honor se perdiera.
Vos lo podéis remediar,
y lo habéis de hacer por fuerza
cuando no queráis de grado;[50]
y advertid, que no os parezca
porque soy mujer, don Diego,
que no alcanzaré esta empresa.
Que ¡vive Dios! que primero
el sol dejará a la tierra,
a las arenas el mar,
las aves la región fresca,
la tierra las verdes plantas,
el fuego su altiva esfera,
que vos podáis eximiros
de pagar tan justa deuda,
pues la razón os obliga
cuando mi valor os ruega.

DON DIEGO. Yo quedo de verdad tan prodigiosa
por las señas del rostro satisfecho,
pues ya la barba en él era forzosa;
mas don Juan, secretario de mi pecho,
Inés, criada de doña Ana hermosa,
Machín, privanza vuestra, son del hecho[51]
testigos, y es preciso darles cuenta
desta verdad, para evitar mi afrenta,
si tengo de casarme.

GUZMÁN.   No lo niego,

---

[50] "De grado": De agrado, voluntad, gusto. (*RAE*)

[51] "Privanza": Primer lugar en la gracia y confianza de un príncipe o alto personaje, y, por ext., de cualquier otra persona. (*RAE*)

                y de doña Ana el bien me solicita,
                mas publicar que soy mujer, don Diego,
                primero moriré que lo permita.

DON DIEGO.   ¿Qué haremos pues?

GUZMÁN.   La llave que os entrego
                del secreto guardad, que el tiempo quita
                inconvenientes, y el discurso humano
                no tiene los remedios en la mano:
                dejádmelo pensar, que ya está hecho
                lo más, pues con mi historia habéis quedado
                del honor de doña Ana satisfecho,
                y de vuestra sospecha asegurado.

DON DIEGO.   Vuestro secreto morirá en mi pecho,
                y de vuestra amistad voy confiado,
                que no obligue a doña Ana con mi afrenta.
                (*Vase don Diego.*)

GUZMÁN.   Su honor, y el vuestro quedan por mi cuenta.[52]

ESCENA VIII
Guzmán, el Nuevo Cid. De noche.

EL NUEVO CID. (*Aparte.*) Él es, y viene solo, pues la suerte[53]
                después de tanto tiempo a su castigo
                la ocasión me dispone; con su muerte
                mi afrenta vengaré. ¡Muere enemigo!
                (*Sacan las espadas, acuchíllanse y éntranse.*)

GUZMÁN.   ¡Ha vil traidor!

---

    [52] Aunque en las sueltas se divide en dos versos: "Su honor y el vuestro quedan / por mi cuenta", he decidido seguir a F-K porque así se mantiene el mismo cómputo silábico.
    [53] En F-K: "Él es, y viene solo, y pues la suerte [...]"

El Nuevo Cid.	Procura defenderte.
Guzmán.	¿Conoces que es Guzmán el que contigo mide la espada?
El Nuevo Cid.	Muerto soy, espera, déjame confesar antes que muera. *(Vase.)*

Escena IX
Salen Ocaña, Monroy, y Peromato. Presos.[54]

Ocaña.	Cualquiera gallina[55] miente si lo dice.
Monroy.	Yo lo digo; pero no habla conmigo que a los gallinas desmiente, y sabe que no lo soy.
Ocaña.	Si él lo dice, con él hablo.
Monroy.	Ocaña, ¿engáñate el diablo o estás borracho?
Ocaña.	Monroy, ni he bebido, ni me engaña.
Monroy.	Triste, ¿quieres que te mate?
Ocaña.	¡Qué gracioso disparate!
Monroy	Alá, doblen por Ocaña. *(Acuchíllanse con terciadas, métese en medio Peromato sin terciado.)*[56]

---

[54] En F-K: "*Presos de la cárcel.*"
[55] "Gallina": Persona cobarde.
[56] "Terciado": Espada corta de hoja ancha. (*RAE*)

ESCENA X
Motril, y Jarava. Presos.

MOTRIL. ¿Es posible que de plano
Confesase?

JARAVA. No os espante,
si le hallaron en fragante,[57]
y con la espada en la mano
desnuda, y ensangrentada.

MOTRIL. Si él negara, no muriera,
por más indicios que hubiera.

MONROY. ¿Qué es eso, Motril?

MOTRIL. No es nada.
Mató al nuevo Cid Guzmán,
prendiéronle, y al momento
sin tocar el instrumento
cantó como un sacristán.

OCAÑA. Yo apostaré que al pobrete
le da luego su recado,
que al Virrey tienen cansado
los delitos que comete,
y querrá abreviar con él.[58]

ESCENA XI
Don Diego y don Juan.

DON DIEGO. Muero de pesar, don Juan,
viendo a Alonso de Guzmán

---

[57] "en fragante": *in fraganti*, en el acto.
[58] "Abreviar": Acelerar, apresurar. (*RAE*)

                    en un trance tan crüel,⁵⁹
                    que dicen que ha confesado
                    el delito, y es forzoso,
                    que el ser tan escandaloso,
                    tan inquieto, y arrojado,
                    provoque la indignación
                    del Virrey.

Don Juan   Airado está,
                    y en esta ocasión querrá
                    hacer gran demostración.

                        Escena XII
                    [Los dichos y] Machín , llorando.

Machín.   ¡Ay, amo de mis entrañas!
                    ¿cómo es posible, que plugo
                    a los cielos, que un verdugo
                    obscurezca tus hazañas?

Don Diego.   ¿Qué hay de su señor, Machín?

Machín.   ¡Ay! que el Virrey se ha mostrado
                    más crüel, más obstinado,
                    que suele un hombre rüin
                    agraviado y con poder.
                    Según orden de milicia
                    ha mandado hacer justicia
                    dél al punto, sin querer⁶⁰
                    admitir suplicación,
                    y ya se está confesando,
                    y el pueblo todo aguardando
                    la afrentosa ejecución.

Don Diego.   *(Aparte.)* Ya es esta ocasión forzosa,

---

⁵⁹ "Trance": Momento crítico y decisivo por el que pasa alguien. (*RAE*)
⁶⁰ De él.

de declarar que es mujer
al Virrey, que es de creer
que por ser tan prodigiosa
le mueva la justa piedad;
y aunque ella no lo confiesa,
diré que es monja profesa,[61]
y pondrá a su potestad[62]
secular impedimento,
pues siéndolo, al Tribunal
del fuero espiritual,
toca su conocimiento.
Dos justos fines consigo
con este tan fácil medio,
pues que su vida remedio
como verdadero amigo.
Y con esto satisfechos
Machín, Inés y don Juan,
de que es mujer, quedarán
los escrúpulos deshechos,
que impiden, que tan forzosa
deuda le pague a doña Ana,
y su beldad soberana[63]
goce en paz, y unión dichosa.
Venid conmigo, don Juan.

DON JUAN. ¿A dónde vais?

DON DIEGO. A romper
un secreto, que ha de ser
el remedio de Guzmán. *(Vanse.)*

---

[61] "Monja profesa": Se aplica a la persona que ya ha ingresado, haciendo los votos correspondientes, en una orden religiosa. (*Moliner*). Recordar que Catalina de Erauso fue sólo novicia. (RAE)

[62] "Potestad": Dominio, poder, jurisdicción, o facultad que se tiene sobre algo. (*RAE*)

[63] "Beldad": Belleza, hermosura, y más particularmente de la mujer. (*RAE*)

ESCENA XIII
Machín, Ocaña, Motril, Monroy.

OCAÑA. En fin quiso deste modo,
Machín, ser más confesor,
que mártir, vuestro señor,
y ha venido a serlo todo.

MACHÍN. Y con obstinado pecho
dice (¡qué tema[64] tan loca!)
que no ha de negar la boca
lo que las manos han hecho.

MOTRIL. Caprichoso disparate.

MONROY. Es por ventura mejor
dar cabriolas.[65]

OCAÑA. No hay valor
como guardar el gaznate.

ESCENA XIV
Salen Guzmán, un Alcalde.[66]

ALCALDE. Vístase la ropa, amigo.

GUZMÁN. ¿Qué ropa? yo soy soldado,
y en mi traje han de llevarme.

PEROMATO. No mire en puntos, hermano,
que va a morir, y es cristiano.

---

[64] "Tema": Actitud arbitraria y no razonada en que alguien se obstina contra algo o alguien (*RAE*). Es decir, obstinación.

[65] "Cabriolas": "brinco de bailarín" del italiano 'capriola', derivado de 'capriolo', 'venado.' (*RAE*)

[66] En F-K: "Salen Guzmán, un Alcalde y un religioso."

GUZMÁN.	*(Aparte.)* ¿Pues yo que dejo quitarme la vida por no decir que soy mujer, ni traer[67] faldas, había de querer llevarlas para morir?
PEROMATO.	Advierta, que los perdones del hábito perderá.
GUZMÁN.	Misas hay, todo será[68] un año más de tizones.[69]
PEROMATO.	¡Qué terrible obstinación!
GUZMÁN.	*(Aparte.)* Por no parecer mujer; todo lo quiero perder fuera del alma. *(Dentro todos.)* Perdón, perdón.
MACHÍN.	¿Qué lo dije luego?[70]

ESCENA XV
[Los dichos y] sale don Juan.

DON JUAN.	La sentencia ha suspendido el Virrey, porque ha sabido de vuestro amigo don Diego, que sois mujer.

---

[67] En F-K: "Tener."
[68] Esperan digan misas por su alma y disminuya así su castigo en el purgatorio.
[69] de purgatorio.
[70] En F-K: "¿Qué? Lo dije luego."

GUZMÁN.	¿Mujer yo? miente, mande su Excelencia ejecutar la sentencia, que don Diego le engañó por excusarme la muerte.
MACHÍN.	Vive Cristo que has de ser, aunque no quieras, mujer, y librarte desa suerte, que después ello dirá.
PEROMATO.	Si lo tiene por afrenta, sin fruto negarlo intenta, que el caso es público ya.
DON JUAN.	Y de todos viene a ser el mayor daño morir.
GUZMÁN.	¿Para qué quiero vivir si saben que soy mujer?

Jornada III

Escena I
*Sale el Vizconde de la Zolina con hábito
de Alcantara y don Diego.*[1]

VIZCONDE.   Proseguid la relación
de esa mujer prodigiosa.

DON DIEGO.   Después que el Virrey de Lima
la suplicación le otorga,[2]
de la novedad movido,
que le refirió mi boca.
Jurídicas experiencias
lícitas, por ser forzosas,
de que es mujer el Alférez
con evidencia le informa.[3]
Y así mirando su causa
con atención más piadosa
le da plazos, en que prueba
que el Nuevo Cid la provoca
a la pendencia, y por ser
justa, y natural la propia
defensa, en la última instancia
la sentencia le revoca.
Restituïda a su traje

---

[1] F-K le añade: "*La escena es en Madrid.*"
[2] "Súplica": Cláusula final de un escrito dirigido a la autoridad administrativa o judicial en solicitud de una resolución. (*RAE*)
[3] "Informan" en F-K.

en las Trinitarias monjas
la recluyen, por la fama
que tiene de religiosa.
Allí violentada, juzga
eternidades las horas,
más repulgante[4] que el viento
oprimido de las ondas:
hasta que vino a romper
las prisiones, la discordia
que sobre elegir Prelada,[5]
ira siembra, y bandos forma.
De Isabel de Larriñaga
por ser vizcaína, toma
por cuenta suya la voz
para elegirla Priora.
Era la parcialidad
contraria más poderosa,
y así remite a las manos
lo que no alcanza a la boca;[6]
y con un bastón robusto
de tal suerte el viento azota,
que lo que no ablandan ruegos
a duros golpes negocia.
Ofendidas de su exceso,
y de su furia medrosas,
la expulsión que ella desea
le solicitan las monjas.
Las dos cabezas del Reino
secular, y religiosa,
por evitar disensiones[7]
en lo mismo se conforman.
Libre al fin de la clausura

---

[4] En F-K: "repugnante."
[5] "Prelada": Superiora de un convento o comunidad eclesiástica. (*RAE*)
[6] "Lo que no alcanza la boca" en F-K.
[7] "Disensiones": Oposición o contrariedad de varias personas en los pareceres o en los propósitos. Contienda, riña, altercación. (*RAE*)

pasar a España, y a Roma
resuelve, a cosas que entiendo
que a la conciencia le importan.
Y al instante que el Callao
daba por el mar la proa,
en calzones, y ropilla[8]
trueca basquiñas,[9] y ropa.
Halla propicio a Neptuno,[10]
llega a la arena española,
que a las columnas de Alcides[11]
cerró el paso, y dio memoria.
Por el hábito indecente
el Obispo la aprisiona;
mas informado después
de sus hazañas heroicas,
no sólo no la castiga,
mas antes la galardona,
alentando su jornada
con dineros y con joyas.
Partióse luego a Cádiz
para esta Corte que goza
del Sol de la casa de Austria
los rayos y la corona.
Dícenme que está ya en ella,
búscola, porque me importa
lo que sabéis prosiguiendo
tras de la suya mi historia.[12]
Ya os dije, señor Vizconde
de Zolina, que dos cosas

---

[8] "ropilla": Vestidura con mangas y brahones, de los cuales pendían regularmente otras mangas sueltas y se vestía ajustada al medio cuerpo sobre el jubón. (*RAE*)

[9] "basquiña": Saya que usaban las mujeres sobre la ropa para salir a la calle. (*RAE*)

[10] "Neptuno": Jefe de los dioses del agua.

[11] "Alcides" = Hércules. Las columnas de Hércules hace alusión al estrecho de Gibraltar.

[12] En F-K: "Búscola, porque me importa / Lo que sabéis. Prosiguiendo [...]"

me obligaron justamente
a que el secreto le rompa.
Una fue librar su vida
de infame suplicio, y otra
dar yo la mano a la dama,
que firme mi pecho adora,
y satisfacer la deuda
de su honor sin mi deshonra,
declarando a los testigos
de su engaño, y de la gloria
que en nombre ajeno alcancé,
de quien tus favores goza
es Guzmán, y publicado
que es mujer, deshace, y borra
las sospechas, que amenazan
murmuración a mis bodas,
sin reparar en deseos
no ejecutados, que pocas
llegan al tálamo honradas,[13]
si los intentos deshonran.
Luego, pues que del teatro
de su tragedia afrentosa,
redimí a la Monja Alférez,
(que así la llaman ahora)
a la dama por quien muero
voy a declarar la historia.
Alegre de poder ya
admitirla por esposa.
Ella no menos contenta
pues su honor perdido cobra,
hace gracias al engaño
por quien viene a ser dichosa.
Con esto parto al instante
a dar al Alférez Monja
cuenta de cómo los cielos

---

[13] "Tálamo": Lecho conyugal. (*RAE*)

nuestros intentos conforman.
Estaba presa, y ya en traje
de mujer, y hablando a solas,
le doy alegre la nueva
de mis concertadas bodas.
Mas ella (¡quién tal pensara!)
cuando espero que responda
dándome mil parabienes,
quiere que mis males oiga,
diciéndome estas palabras:
Ya yo, don Diego, soy otra,
que fui, porque de la muerte
he visto la horrible sombra.
Yo no soy quien desa dama
perdió la ocasión dichosa,
que por engaño alcanzaste,
otro amante es quien la goza.
Ser conocidos por míos
los guantes, y ser notoria
al mundo mi valentía,
hizo que en mis manos ponga
esa dama su remedio;
era la causa piadosa,
ella mujer, yo mujer,
dádivas quebrantan rocas.[14]
Todo junto me obligó
a que en favor suyo rompa
la ley de vuestra amistad,
y a engañaros me disponga:
Mas ya que os debo la vida,
y arrepentida me exhorta
la confesión a la enmienda,
no es bien que os quite la honra,
dijo, y quedó como suele,[15]
él sin ventura a quien tocan

---

[14] "Dádivas": Soborno. (*RAE*)
[15] Queda como partido por un rayo.

de Júpiter vengativo[16]
las armas abrazadoras.[17]
Como aquel que en peña dura
en un punto se transforma,
si el rostro fatal le enseña
la Gorgona encantadora,[18]
vuelvo en mí, y multiplicando
al paso de las congojas,
las palabras, le pregunto,
si de la verdad me informa:
Afírmase en lo que ha dicho,
a matarla me provoca
mi furor, mas mi valor
por ser mujer la perdona.
Fugitivo parto a España,
jornada que me ocasiona,
y facilita don Juan,
que en aquella misma flota
a intentos suyos partía:
mas ella perdida, y loca,
que el desprecio es el que más
a la mujer enamora,
en demanda de su honor
me sigue más que mi sombra,
que para ser importuna
bástale ser acreedora.[19]
Llego a Madrid, y a Madrid
llega también, y sus obras,
palabras, y pensamientos
de tal suerte se conforman
en quererme, en obligarme,
y en persuadirme, que sola

---

[16] "Júpiter: padre de los dioses y de los hombres.
[17] Los rayos.
[18] "Gorgona": Monstruo femenino que transformaba en piedra a quien lo miraba.
[19] "Acreedora": Que tiene mérito para obtener algo. (RAE)

resistiera a sus combates,
la deidad que honor se nombra,
pasando prolijos días[20]
en batalla tan penosa,
su amor, y mi resistencia,
encuentro a Machín ahora,
refiéreme lo que yo
ignoraba desta historia,
después que triste partí
de la América, a la Europa.
Díceme que está el Alférez
en la Corte ya, y que posa
en casa de un noble hidalgo
su amigo, y compatriota,
cuyo nombre es Sebastián
de Illumbre, y que su persona,
señor Vizconde, y la vuestra,
sólo un espíritu forman.
Y así me quiero valer
de vos con él porque ponga,
y vos en favorecerme
pongáis vuestras fuerzas todas,
intercediendo los dos
para que el Alférez Monja
alumbre con la verdad
mi confusión tenebrosa;
que tan constante porfía,
y tan tiernamente llora
mi triste amante, afirmando,
que la Monja Alférez sola
sus favores mereció,
que a las insensibles rocas
persuadirá, cuanto más
a quien como yo la adora.
Mueva piedad mi desdicha,[21]

---

[20] "Prolijos": Dilatados con exceso. (*RAE*)
[21] En F-K: "Mueva a piedad mi desdicha […]"

	y al fin de vuestra persona
la autoridad, que ha de ser
la causa más poderosa.
VIZCONDE.	Lo que más con el valor
de un hidalgo pecho alcanza,
es hacer desconfianza
en negocios del honor.
Y así la podéis tener,[22]
de que para averiguar
la verdad, no he de dejar
piedra alguna por mover.
DON DIEGO.	Pues con eso aseguráis
mis esperanzas.
VIZCONDE.	Yo quiero,
hablarla a solas primero,
que vos con ella os veáis.
DON DIEGO.	Pues la brevedad, señor
os pido.
VIZCONDE.	Bien sé, don Diego,
que no permiten sosiego
puntos de honor, y de amor. (*Vanse.*)

ESCENA II

*Vanse, y sale Guzmán rompiendo
unos naipes, y Machín.*

| GUZMÁN. | ¡Ah sota! ¿qué juegue yo?
¡voto a Dios! |
| MACHÍN. | Vota, y reniega, |

---

[22] En F-K: "podréis."

| | la culpa tiene quien juega
que la sota ¿en qué pecó? |

| GUZMÁN. | Ya he perdido, ¿qué he de hacer?,
¿puédolo yo remediar? |

| MACHÍN. | No, pero puedes guardar
lo que queda por perder. |

| GUZMÁN. | Bien dices. |

| MACHÍN. | Pero ¿no sabes
cómo a don Diego he encontrado? |

| GUZMÁN. | ¿A don Diego? ¿y qué te dijo? |

| MACHÍN. | Que le contase tus casos
desde que él partió de Lima,
hasta que a Madrid llegamos;
y dellos y de la casa
en que vives informado,
diciendo que te vería
se despidió. |

| GUZMÁN. | ¿Y del engaño
de doña Ana no te habló? |

| MACHÍN. | Yo estaba deseando[23]
por tener nueva de Inés;
mas sabe que soy un mármol
en callar, desde que en Lima,
por haberme tu mandado,
que negase los amores
de doña Ana, halló en mis labios
las costumbres de Vizcaya |

---

[23] En F-K: "Yo estaba desatinado."

	en lo duro, y lo cerrado,
	y así no tocó ese punto.
	Mas pues los dos lo tocamos,
	si la mudanza de tierras,
	y de los tiempos, la ha dado
	a tus intentos ocultos,
	¿no me dirás hasta cuando
	a doña Ana, y a don Diego
	has de hacer tan graves daños?
GUZMÁN.	Yo me entiendo.
MACHÍN.	¿Qué fin llevas?
GUZMÁN.	Yo me entiendo.
MACHÍN.	Algún gran caso
	sin duda alguna previenes,
	pues de mí lo encubres tanto,[24]
	que siempre fui del archivo
	de tu pecho secretario.[25]
GUZMÁN.	Ya digo que yo me entiendo,
	ver a don Diego, es el plazo
	de declarar la intención
	de mi silencio, y mi engaño.
	Ten paciencia, y no me apures,
	que importa, pues yo lo callo.
MACHÍN.	Sebastián de Ilumbre viene.
GUZMÁN.	No le digas que he jugado.
MACHÍN.	¿Temes la fraterna?[26]

---

[24] En F-K: "ocultas."
[25] "Secretario" de *secretus*, el que guarda los secretos de otro.
[26] "Fraterna": Corrección o represión áspera. (*RAE*)

GUZMÁN.　　　　　　　　Sí,
que es cuerdo, y tiene a su cargo
mi corrección, y modestia
por comisión del Vicario.

MACHÍN.　　　Por esta vez callaré,
mas si tu juegas, yo canto.[27]

ESCENA III
*Sale Sebastián de Ilumbre, y un criado
con un lío de vestidos de mujer, y pónelos sobre un bufete.*

SEBASTIÁN.　　Deja sobre ese bufete
ese vestido, y volando
parte a casa del Vizconde
de Zolina, y di que aguardo
el coche que le pedí.
(*Vase el criado.*)
Sabed, Alférez Erauso,
que un Consejero Real
a quien la fama ha llevado
nuevas de vos, quiere veros.

GUZMÁN.　　　¡Qué ha de verme! ¿soy acaso
algún monstruo nunca visto?
¿o la fiera que inventaron,
que con letras, y con armas
se vio en el Reino polaco?
¿no ha visto un hombre sin barbas?

MACHÍN.　　　¡Hombre! ¿a que tú has obligado
sin duda el *memento mulier*
de aquel monjil trinitario,[28]
que te pusieron en Lima?

---

[27] En F-K: "mas si otra vez juegas, yo canto."
[28] El vestido de la orden de las Trinitarias.

SEBASTIÁN.   Ser una mujer soldado,
               y una Monja Alférez es,
               el prodigio más extraño,
               que en estos tiempos se ha visto;
               y al fin en siendo mandato
               de un Consejero, es forzoso
               el obedecerle.

GUZMÁN.   Vamos,
               que debe convenir
               pues porfías.

SEBASTIÁN.   Aguardad,[29]
               que quiero que vais en traje
               de mujer.

MACHÍN.   Esto es el diablo.

GUZMÁN.   Señor Sebastián de Ilumbre,
               sólo el respeto que os guardo
               puede hacer que vuestro intento
               no castigue por agravio.

SEBASTIÁN.   Mirad cuan lejos estaba
               de imaginar agraviaros,
               ni hallar en vos resistencia,
               que sin haber consultado
               con vos el intento mío,
               de casa [de] dama os traigo[30]
               este vestido, y previene
               un coche para llevaros.

MACHÍN.   Ea, Alférez, y Catalina.
               (*Llega Machín con el manteo, y dale Guzmán un golpe.*)

---

[29] En F-K: "Aguardaos."
[30] En sueltas y en F-K: "de casa una dama os traigo."

GUZMÁN.	¡Aparta, loco!
MACHÍN.	¡Mal año para la ama de Alcides![31]
GUZMÁN.	De cólera estoy rabiando.
MACHÍN.	Pues a trueco he de ir en coche, hay en Madrid mil barbados,[32] que se pondrán de botargas.[33]
SEBASTIÁN.	Alférez, determinaos, que esto importa.
GUZMÁN.	Si os he dicho, y os dice mi vida, cuanto mi propio ser aborrezco. Si de mis padres, y hermanos troqué la amada presencia por el indómito Arauco; si recibí mil heridas, y si de Miguel de Erauso, mi mismo hermano, vertió la sangre, mi airada mano, si del último suplicio, viendo ya el lugar infausto,[34] me dejaba dar la muerte en un infame teatro,

---

[31] "Propecio cuenta que fatigado de lucha contra Caco, el héroe pidió de beber a Bona Dea (o Fauna), ocupada en celebración de misterios sagrados en aquellos lugares. Ésta prohibió a Hércules el acceso a la fuente sagrada, ya que el rito estaba reservado para las mujeres. Hércules irritado, las excluyó, a su vez, de su propio santuario [...]." (*Diccionario de Mitología Griega y Romana*)

[32] "Barbados": Que tiene barbas. (*RAE*). Hay en Madrid mil hombres.

[33] "Botargas": Botarga era un personaje de la comedia italiana, con vestido ajustado al cuerpo y calzas rojas largas, tomado del nombre de Stejanello Botarga, actor italiano que se vestía de ese modo. (*RAE*)

[34] "Infausto": Desgraciado, infeliz. (*RAE*)

| | todo por no publicar
que soy mujer, ¿no es en vano
querer que me vista ahora
de lo que aborrezco tanto? |
|---|---|
| SEBASTIÁN. | Por vuestro gusto habéis hecho
excesos tan mal pensados,
quizá porque no tuvisteis
quien supiese aconsejaros.
Mas ya que yo os aconsejo,
y que el nombre me habéis dado
de amigo, tengo de ver,
si con vos, Alférez, valgo
mas que vuestra inclinación.
Y si queréis por un rato
de disgusto, que me tenga
por hombre poco avisado[35]
el Oidor,[36] si a su presencia,
que ha de respetarse tanto,
os llevo en traje indecente.[37] |
| GUZMÁN. | Pues decid, ¿qué desacato[38]
se hace a su autoridad;
si ya por ello el Vicario
de Madrid me tuvo presa,
y por haberse informado
de mis hazañas, me dio
por libre? |
| SEBASTIÁN. | Pues publicado
con ello que sois mujer,
¿qué perderéis en mudaros
por dos horas en su traje? |

---

[35] "Avisado": Informado.
[36] "Oidor": Antiguamente, juez. (*Moliner*)
[37] En ropa de hombre.
[38] "Desacato": Falta del debido respeto a los superiores. (*RAE*)

GUZMÁN.   Dos horas son dos mil años,
                y no quiero parecerlo,³⁹
                ya que no puedo negarlo.⁴⁰
                Demás, que el oidor querrá
                verme en el mismo que traigo:
                mas la novedad es ésta
                que le obligue a desearlo.
                Que en el otro, ¿qué hay que ver?
                ¿es por ventura milagro
                ver una mujer vestida
                de mujer?

SEBASTIÁN.   Sí, cuando ha dado
                tanta materia a la fama,
                con hechos tan señalados,
                que ellos, no el disfraz, le mueven
                a querer veros, y hablaros.
                Esto en efecto ha de ser,
                que ya por el mismo caso
                que me resistís, celoso
                de ver lo poco que valgo
                con vos, o he de conseguirlo,
                o jamás tengo de hablaros.

MACHÍN.   Acabose, Vizcaínos,
                testarudos sois entrambos,
                ved por cuál ha de quebrar.
                Mas tú que estás rehusando
                parecer mujer, y en nada
                podrás parecerlo tanto,
                como en decir tijeretas,
                has de ser lo más delgado.

GUZMÁN.   Claro está que lo he de ser,
                pues un amigo, a quien guardo

---

³⁹ En F-K: "parecello."
⁴⁰ F-K: "negallo."

| | (*Quítase la toca con rabia.*)
tanto respeto, se empeña
tan resuelto y arrojado:
(*a Machín.*)
dame ese manteo.[41] |
|---|---|

SEBASTIÁN.   Ahora
me pones al rostro un clavo.[42]

MACHÍN.   Qué bien haces, no porfíes,
queda Roque preguntando,[43]
que porqué de las mujeres
públicas gustaba tanto,
dijo, por no porfiar.

GUZMÁN.   Acaba.

SEBASTIÁN.   ¿Quieres acaso
vestirte sobre la espada?

GUZMÁN.   Estoy tan acostumbrado.
(*Quítase la espada y pónese el manto al revés.*)

MACHÍN.   Acostumbrada.

GUZMÁN.   También
lo estoy de tratarme hablando,
como varón.

MACHÍN.   Ponte ahora
el manteo, que es bizarro.

---

[41] "Manteo": Ropa de bayeta o paño que llevaban las mujeres, de la cintura para abajo, ajustada y solapada por delante. (*RAE*)

[42] "Clavo": Flor del clavel, del catalán *clavell*. En Nebrija 1555, Laguna, nombre de planta. (*Corominas*)

[43] "Que a un tal Roque preguntando" en la edición de F-K.

GUZMÁN.	El más bizarro manteo no iguala el calzón más llano.
MACHÍN.	¿No aciertas la coyuntura?[44]
GUZMÁN.	¿Qué he de acertar? ¡qué los diablos inventaron estos grillos![45]
MACHÍN.	Vuélvelo de esotro lado.
GUZMÁN.	Pese a mí, ¿qué he de volver? ¿no me ves que viene largo?
MACHÍN.	Pues ponerte los chapines.[46]
GUZMÁN.	¡Chapines! ¿estás borracho? (*Suenan dentro cuchilladas.*)
DENTRO.	Deténganse, caballeros.
OTRO.	¡Vive Dios que he de mataros!
GUZMÁN.	¿Qué es aquello?
MACHÍN.	Cuchilladas.
GUZMÁN.	Pese a las faldas. (*Suelta el manteo, coge la espada, y desenvaínala.*)
MACHÍN.	Ándallo.
SEBASTIÁN,	Aguardad.

---

[44] F-K no la transcribe como oración interrogativa. "Conyuntura": Sazón, oportunidad para algo. (*RAE*)

[45] "Grillos": Se emplea metafóricamente. Aquí se refiere a la ropa de mujer.

[46] "Chapines": Chanclo de corcho, forrado de cordobán, muy usado en algún tiempo por las mujeres. (*RAE*)

GUZMÁN. ¿Qué he de aguardar?
todo es cansarme, y cansaros;
lo que no puedo conmigo,
necedad es intentarlo. (*Vase.*)

SEBASTIÁN. ¿Dónde vais?

MACHÍN. ¿Eso preguntas
si se están acuchillando,
y no tiene otras cosquillas?(*Vase.*)

SEBASTIÁN. El reducilla es en vano,[47]
porque tiene solamente
de mujer lo porfiado.[48] (*Vase.*)

ESCENA IV
Salen don Diego, don Juan, y doña Ana.

DON DIEGO. Al Vizconde de Zolina,
a quien el Alférez Monja,
quiere en todo hacer lisonja,[49]
porque a ampararle se inclina,
lo mismo le ha respondido.

DOÑA ANA. ¿Qué aún está firme en su engaño?
¿Qué me haga tanto daño,
sin haberla yo ofendido;
si tan conocida injuria,
sin justa pena dejáis?
¡cielos! ¿para quién guardáis
los rayos de vuestra furia?

---

[47] En F-K: "Reducirlo."

[48] "Porfiado": Dicho de una persona terca y obstinada en su dictamen y parecer. (*RAE*)

[49] "Hallar" en la edición de F-K. "Lisonja": Alabanza afectada, para ganar la voluntad de alguien. (*RAE*)

Don Diego.   Doña Ana, sin fruto son
tus quejas, yo no he podido
mostrar lo que te he querido
con más clara información,
que haberme determinado
contra escrúpulos de honor,
obligado de tu amor,
y de mi deuda obligado
a ser tu esposo, si fue
el disfrazado Guzmán
solamente tu galán,
y de la ocasión que hurté
era el dueño, pues podía
perdonar tu liviandad,
por tener seguridad
de que tu intención no había
llegado a la ejecución;
que es cierto que se casaran
muy pocos, si repararan
en delitos de intención.
Mas la Monja, como ves,
lo niega tan en tu daño,
quéjate, pues de su engaño,
si por ventura lo es,
y no de mi buen intento,
que el cielo sabe, señora,[50]
que de tus plantas adora
las huellas mi pensamiento.
Mas fuera gran desvarío,
y tú misma me culparas,
si porque tu honor cobraras,
quisiera perder el mío,
y el tuyo, que es cierta cosa,
que no tiene una mujer
mayor afrenta que ser

---

[50] "Que sabe el cielo, señora" en F-K.

              de un hombre afrentado esposa.

DOÑA ANA.   Tu sin duda, arrepentido
de pagar tu obligación
has trazado esta invención,
y tu amistad ha podido
obligarla a que olvidara
de su conciencia el temor,
para quitarme el honor,
negando verdad tan clara;
mas la justicia.

DON DIEGO.   Detente,
Porque desta sospecha
quedes, mi bien, satisfecha,
información evidente,
es saber que desde el día
que ser tu amante negó
en Lima, y se retractó[51]
de lo que afirmado había
la Monja Alférez, no vi
jamás su rostro, y responde
lo que te he dicho al Vizconde
de Zolina, y no a mí.
¿Luego indicio es verdadero,
de que intento engañar,
obligarla a declarar
la verdad con tal tercero?[52]

DOÑA ANA.   ¿Luego tú no la has hablado
en la Corte?

DON DIEGO.   Mis enojos,
no han permitido a mis ojos
ver a quien los ha causado.

---

[51] En F-K: "retrato."
[52] No es cláusula interrogativa en F-K.

Y, aunque es verdad que al Vizconde
le pidió que me dijese,
que yo con ella me viese;
y porque entiendo que esconde
algún misterio, el deseo
de verme le quiero hablar;
yo no le pienso tocar
este punto si la veo,
tanto porque es obligarme
de cólera a enloquecer,
y es en efecto mujer
de quien no puedo vengarme,
cuanto porque ella pudiera[53]
sospechar que yo quería
con semejante porfía,
no que la verdad dijera,
sino que, o lo fuese, o no,
dijese que era verdad
ser ella, a quien tu verdad
por dueño sólo estimó,
y fuera justa ocasión
de mi infamia esta sospecha.
Y pues quedas satisfecha
con esto de mi intención,
que no publiques te pido
sucesos tan contra ti,
y ten lástima de mí,
que te adoro, y te he perdido. (*Vase.*)

DOÑA ANA.   ¡Aguarda, aguarda, don Juan!

ESCENA V

DON JUAN.   ¿Qué me mandas?[54]

---

[53] "Cuando" en F-K.
[54] En F-K: "¿qué me mandáis?"

DOÑA ANA.   Que conmigo
             os vengáis, a ser testigo
             de lo que el falso Guzmán
             me responde en este caso
             a mí misma.

DON JUAN.   Justo es
             que te sirva.

DOÑA ANA.   El manto, Inés,
             que de ofendida me abraso. *(Vanse.)*

             ESCENA VI
       Sale Guzmán con botas, y unos papeles,
           y Sebastián también, y Machín.

GUZMÁN.   De vos confío el cuidado
             de acordar mis pretensiones,
             en todas las ocasiones
             en el Consejo de Estado.
             Estos los papeles son
             de mis servicios tomad,
             y por los ojos pasad
             esa certificación,
             que entre las demás os dejo,
             que della os informareis
             de lo que pedir podéis
             en recompensa al Consejo.

SEBASTIÁN.   *(Lee.)*
             Don Luis de Céspedes Jeria, Gobernador Y Capitán General de la Provincia de Paraguay.
             Certifico a su Majestad, que conozco a Catalina de Erauso de más de 17 años a esta parte, que en hábito de hombre, y soldado le ha servido en Chile más de 17,[55] en las Compa-

---

[55] En F-K: "18 años."

ñías del Maese de Campo don Diego Bravo de Sarabia, y del Capitán Gonzalo Rodríguez: de la cual fue por sus servicios Alférez, llamándose Alonso Díaz de Guzmán, y se halló en todas las ocasiones que se ofrecieron con mucho valor, y reformada su Compañía, pasó a la del Capitán Guillén de Casanova, y fue buen soldado de los aventajados, sacados para campear desde el Castillo de Paicabí con el Maese de Campo Alvaro Núñez de Pineda, y se halló en muchas batallas, y recibió muchas heridas, y en particular en la de Puces, donde llegó a la muerte. Por lo cual y por ser digna de que su Majestad le haga merced, le di la presente, con mi firma, y sello.
En Madrid a 2 de Febrero de 1625.

GUZMÁN. De aquese mismo tenor[56]
son los demás, ésta es
del noble don Juan Cortés
de Monroy , Gobernador
de Veraguas; de don Diego
flores de León, es ésta.
Que en el pecho manifiesta
la Cruz del Patrón Gallego,[57]
maese de Campo, a quien dan[58]
en las Regiones Australes,
alabanzas inmortales
sus hechos; del Capitán,
y Cabo de Compañías,
Francisco de Navarrete,
es aquesta que promete
premio a las hazañas mías,
según las ha exagerado.
Estas son las que en Madrid

---

[56] "Tenor": Contenido literal de un escrito u oración. En este verso es un loc. adv.: Por el mismo estilo. (*RAE*)

[57] Lleva en el pecho la cruz de Santiago, la más prestigiosa orden militar de España.

[58] "Maese": Maestro (*RAE*)

	pude juntar, acudid
a Secretario de Estado
que pienso que [lo] halláreis[59]
atento a mi pretensión.[60]
SEBASTIÁN.	¿A que remuneración
os inclináis?
GUZMÁN.	Si podréis
para Flandes negociar
una ventaja, me holgara,[61]
que su Majestad premiara
mis hechos con emplear
en sus servicios estas manos,
que rabian ya por saber,
si pueden también vencer
Flamencos como Araucanos.
Pero si al fin conquistar
no podéis merced ninguna,[62]
pretended al menos una,
que es muy fácil de alcanzar.
SEBASTIÁN.	¿Cuál es?
GUZMÁN.	Que se me confiera[63]
andar siempre de varón,
que con esta permisión
quedo pagada, y contenta.
SEBASTIÁN.	Pues sin tenella te pones
en su traje, ¿qué te inquieta?

---

[59] En las sueltas: "la", en F-K: "le."
[60] "Pretensión": Solicitación para conseguir algo que se desea. (*RAE*)
[61] "Me holgara": Alegrarse (recibir o sentir alegría) (*RAE*)
[62] "Merced alguna" en la edición de F-K.
[63] "Conceda" en la edición de F-K. "Conferir": Conceder, asignar a alguien dignidad, empleo, facultades o derechos. (*RAE*)

GUZMÁN.   No quiero vivir sujeta
               a enfados, y vejaciones.[64]

SEBASTIÁN.   Por advertido me doy;
               mas trata de prevenirte,
               que es hora ya de partirte,
               que en casa [d]el Vizconde voy. *(Vase.)*

                         ESCENA VII
               Sale don Juan, doña Ana e Inés con mantos.

DON JUAN.   Aquí está; Alférez Guzmán,
               bien debéis a mi deseo
               los brazos.

MACHÍN.   ¿Qué es lo que veo?
                  ¿es Inés?

GUZMÁN.   Señor don Juan,
                  ¿tenéis salud?

DON JUAN.   Bueno estoy
                  para serviros.

GUZMÁN.   ¿Don Diego?

DON JUAN.   A buscaros vendrá luego.

MACHÍN.   Inés, los brazos te doy.

INÉS.   ¿Cómo te llegas a mí,
               testigo falso?

MACHÍN.   Un criado,
                  ¿qué ha de hacer siendo mandado?

---

[64] "Vejaciones": Hacer algún sacrificio, con daños de sus intereses o de su persona, para evitar otro daño o gravamen mayor. *(RAE)*

DOÑA ANA.   Guzmán, ¿conocéisme?

GUZMÁN.   Sí,
            bien te conozco, doña Ana.

DOÑA ANA.   Pues ¿cómo tu falso pecho,
            si me conoces, ha hecho
            una acción tan inhumana
            contra mi honor, y opinión,
            negando claras verdades?
            ¿Por dicha te persuades?
            ¿qué no hay ley, qué no hay razón?
            ¿qué no hay Dios? ¿qué no hay justicia,
            para haber ejecutado,
            en qué intento te ha obligado
            tan detestable malicia?⁶⁵
            Verdad tan averiguada,
            ¿no la dirán los que ves
            que la saben? habla, Inés,
            habla, Machín.

MACHÍN.   No sé nada.

DOÑA ANA.   ¡Ah traidor! falso testigo.⁶⁶
            Mal haya yo, que mujer
            nací, para no poder
            dar a entrambos el castigo.

INÉS.   Ahora no me decías
            disculpándote, un crïado,
            ¿qué ha de hacer siendo mandado?

MACHÍN.   No sé nada.

---

⁶⁵ "¿Que no hay Dios, que no hay justicia? / Di qué intento te ha obligado / Para haber ejecutado / Tan detestable malicia?" F-K en su edición añade un verso.

⁶⁶ "¡Ha traidor!" en las sueltas aparece la forma arcaica.

| GUZMÁN. | Tus porfías,
no han de hacer mudanza en mí,[67]
que aunque tu mal me lastima,[68]
lo mismo que dije en Lima,
te digo, doña Ana, aquí. |
|---|---|
| DOÑA ANA. | ¿Es posible que de Dios
te puedes tanto olvidar? |
| DON JUAN. | *(Aparte.)*
¿Quién podrá determinar,
cuál miente aquí de los dos?
pero don Diego ha llegado. |
| MACHÍN. | *(Aparte.)*
Gracias a Dios, que esta vez,
se acabará la preñez[69]
de engaño tan dilatado. |
| DOÑA ANA. | *(Aparte.)*
Este es don Diego: ojalá
vengue este infame pecho
su agravio, y mi deshonor. |
| GUZMÁN. | Ya se cumplió mi deseo. |

ESCENA VIII

Los dichos y sale don Diego.

| DON DIEGO. | Ya estoy con ver la ocasión
de tantos daños ardiendo
en cólera, pero quiso
que fuese mujer el cielo, |
|---|---|

---

[67] "Mudanza" del verbo 'mudar': Dar o tomar otro ser o naturaleza, otro estado, forma, lugar, etc. (*RAE*)
[68] "mi mal me lastima" en las sueltas.
[69] "Preñez": Confusión, dificultad, oscuridad de algo. (*RAE*)

Doña Ana	porque no pueda vengarme. Está aquí, y me hüelgo,[70] por dejarla satisfecha.
Machín.	(Aparte.) El color pierden, ¿qué es esto?[71]
Don Diego.	Porque me dijo el Vizconde que tenéis que hablarme, vengo a hacerlo, Alférez.
Guzmán.	Sintiera en el alma irme sin veros.
Don Diego.	Hablad, pues que ya os escucho.
Guzmán.	¿Tenéis memoria, don Diego, de que para descubriros que era mujer el secreto prometisteis como noble?
Don Diego.	Sí prometí, bien me acuerdo.
Guzmán.	Pues ¿cómo lo quebrantaste?
Don Diego.	Por daros la vida.
Guzmán.	El celo de librarme, no era justo que os obligase a romperlo,[72] habiéndoos yo prevenido, que sintiera mucho menos la muerte, que publicar que era mujer; y así viendo

---

[70] "Huelgo" de 'holgar.'
[71] En F-K: "¡Qué es esto!"
[72] En F-K: "rompellos."

que a descubrirlo os movió[73]
de casaros el deseo,
quise con aquel engaño
impediros el efeto,
y el fruto que conseguir
pensastes de haberlo hecho.
Hasta que viéndome libre
de prisiones, y volviendo
a vestir varonil traje,
y a ceñir marcial acero,
de los agravios, afrentas,
infamias, y vituperios,[74]
que desde entonces acá
he padecido, y padezco,
por no haberme vos guardado
la palabra del secreto,
tomara así la venganza,
y os diera justo escarmiento.
(*Dale a don Diego con un bastón, y sacan las espadas.*)

DON DIEGO. ¡Ah vil!

MACHÍN. ¿No lo dije yo?

DOÑA ANA. ¡Ay de mí!
(*Métese don Juan de por medio.*)

DON JUAN. ¿Qué hacéis, don Diego?

DON DIEGO. Castigar una mujer atrevida.[75]

DON JUAN. Si vos mismo
decís que es mujer, ¿qué afrenta

---

[73] En F-K: "descubrillos."
[74] "Vituperios": Acción o circunstancia que causa ofensa y deshonra. (*RAE*)
[75] "Castigar una mujer / atrevida" F-K altera el verso.

GUZMÁN.   una mujer os ha hecho?[76]

GUZMÁN.   Mentís, que no soy mujer
mientras empuño este acero,
que ha vencido tantos hombres.

DON DIEGO.   ¡Apartad, don Juan![77]

ESCENA IX
*Sale el Vizconde de Zolina
de camino, y Sebastián de Ilumbre.*

VIZCONDE.   ¿Qué es esto?
señor don Diego, aguardad,
¿sois hombre? ¿sois caballero?
¿contra una mujer sacáis
la espada?

DON DIEGO.   En nadie la empleo
mejor que en una mujer,
cuando me pierde el respeto.

VIZCONDE.   Acabad, sed más prudente,
que aunque os lo pierda, os advierto,
que si os dais por agraviado,
no quedareis satisfecho,
aunque la muerte le deis,
que es mujer, y es caso cierto,[78]
que es más afrenta que hazaña
manchar en ella el acero.

GUZMÁN.   ¡Qué es mujer tanta mujer!
tratadme, Vizconde, menos
de mujer, que perderé

---

[76] En F-K: "¿qué afrenta / Una mujer puede haceros?"
[77] En F-K no es cláusula exclamativa: "Apartad, don Juan."
[78] En F-K: "Pues es mujer, siendo cierto."

	sobre ello al mundo respeto.
VIZCONDE.	Si lo eres, ¿de qué te agravias?
GUZMÁN.	Si lo soy, ni lo confieso, ni quiero sufrir que nadie me lo llame, y vos, don Diego, pues padezco estas afrentas por vos, ni de lo que he hecho me pesa, ni soy mujer, si queréis satisfaceros.
SEBASTIÁN.	¡Hay condición más extraña!
DOÑA ANA.	¿Qué tigre te dio alimento, que a la que tanto le debes tantos agravios has hecho, crüel?
GUZMÁN.	Escucha, señora, pues que tu agradecimiento, y tu honor pudieron tanto en mi pecho, que me hicieron, sólo porque su sospecha[79] satisfaciese don Diego, descubrir, que era mujer, cuando estaba tan secreto. Ahora, puesto, doña Ana,[80] que es público, y hago menos, y que satisfice ya mi enojo, y cesa con esto la ocasión, porque mi engaño le impidió tu casamiento, mejor lo confesaré por dar a tu honor remedio,

---

[79] En F-K: "tu sospecha."
[80] En F-K: "Ahora, pues que, doña Ana."

             y no malograr fineza,
             que tan a mi costa he hecho.
             Y así, don Diego, ya es justo
             restituir lo que debo
             a doña Ana, declarando,
             que sólo cupo en su pecho
             mi amor, y pues habéis visto
             de negároslo el intento,
             dadle la mano, que yo,
             si acaso cosiste en esto,
             porque ni vos reparéis
             en la ofensa que os he hecho,
             ni ella, se case con quien
             tenga el menor sentimiento.
             Y para que efeto tenga
             segunda vez os confieso,
             que soy mujer, pues deshago
             y satisfago con esto
             vuestro agravio, pues decís,
             que soy mujer, es lo mesmo,
             que confesar que no pude
             agraviaros, ni ofenderos;
             y si esto os satisface,
             haga mi agradecimiento
             lo que no hiciera la muerte
             en ese invencible pecho,
             (*Arrodíllase.*)
             rindiéndome a vuestros pies,
             y confensándome en ellos
             vencida, y que a merced vuestra
             vivo, pues quedáis con esto,
             mucho más que con matarme,
             ventajoso, y satisfecho.

DON DIEGO.   Levanta, y dame los brazos,
             que no solamente quedo
             satisfecho, más vencido,

| | envidioso del ejemplo,
que de agradecida has dado,
y quisiera yo haber hecho
más esta hazaña, que cuantas
han celebrado los tiempos.

VIZCONDE.   Nunca has mostrado el valor
            como ahora de tu pecho.

SEBASTIÁN. Más has ganado vencida
            de ti misma, que venciendo
            ejércitos de enemigos.

VIZCONDE.   Con aquesto, y pidiendo
            perdón, tenga fin aquí
            este caso verdadero,
            donde llega la comedia
            han llegado los sucesos;
            que hoy está el Alférez Monja
            en Roma, y si casos nuevos
            dieren materia a la pluma,
            segunda parte os prometo.

FIN.

Printed in the United States
90990LV00004B/422/A